高职院校公共基础课能工巧匠系列教材·劳动教育类

高等职业教育新形态一体化教材

职业院校
劳动教育教程

主编　赵　放　王千文

副主编　孙亮洁　梁宇栋　马海宁　张朝伟　赵春梅

高等教育出版社·北京

内容提要

　　本书是新形态一体化教材。依据《中共中央 国务院关于全面加强新时代大中小学劳动教育的意见》和教育部《大中小学劳动教育指导纲要（试行）》编写。本书分为五个专题，包括劳动认知、劳动精神、中国劳模、大国工匠、职业院校劳动实践等理论知识和实践指导内容，帮助学生把握劳动教育的基本内涵，培育和践行马克思主义劳动观。

　　本书结构完整，逻辑清晰，凸显了职业教育人才培养的鲜明特点。书中各专题均设计了教学引言、学习目标、关键词、重点与难点、课前热身活动、思考题、阅读研讨、课后实践训练等多样化的学习形式，增强学习的趣味性和学生的思辨性。通过遴选不同形式的劳动实践活动案例，指导学生开展劳动实践，体现了职业院校劳动教育"知行合一"的学习特点。

　　本书以"纸质教材＋数字课程"的方式呈现，书中的知识点与相应的学习资源直接对应，通过扫描书中的二维码可以浏览学习内容，方便学生自主学习、拓展学习和个性化学习。使用者可以通过访问智慧职教平台（https://www.icve.com.cn/）在线学习"职业院校劳动教育教程"课程，也可按照"郑重声明"页的资源服务提示获取其他资源服务。

　　本书既可作为职业院校劳动教育课程的教材，也可以作为社会学习者和相关企业员工培训的参考资料。

图书在版编目（CIP）数据

职业院校劳动教育教程 / 赵放，王千文主编. --北京：高等教育出版社，2022.1
　　ISBN 978-7-04-057622-1

　　Ⅰ. ①职… Ⅱ. ①赵… ②王… Ⅲ. ①劳动教育-高等职业教育-教材 Ⅳ. ①G40-015

中国版本图书馆 CIP 数据核字（2022）第 000140 号

职业院校劳动教育教程
ZHIYE YUANXIAO LAODONG JIAOYU JIAOCHENG

| 策划编辑 | 王蓓爽 | 责任编辑 | 王蓓爽 郭润明 | 封面设计 | 李树龙 | 版式设计 | 徐艳妮 |
| 插图绘制 | 李沛蓉 | 责任校对 | 吕红颖 | 责任印制 | 刘思涵 | | |

出版发行	高等教育出版社	网　　址	http://www.hep.edu.cn
社　　址	北京市西城区德外大街4号		http://www.hep.com.cn
邮政编码	100120	网上订购	http://www.hepmall.com.cn
印　　刷	唐山市润丰印务有限公司		http://www.hepmall.com
开　　本	787mm×1092mm　1/16		http://www.hepmall.cn
印　　张	15.25		
字　　数	200千字	版　　次	2022年1月第1版
购书热线	010-58581118	印　　次	2022年11月第2次印刷
咨询电话	400-810-0598	定　　价	35.80元

编 写 单 位

组织单位：

        天津海河教育园区管理委员会

        天津机电职业技术学院

参编单位：（按单位拼音排序）

        南开大学

        天津大学

        天津电子信息职业技术学院

        天津海河教育园区管理委员会

        天津海河教育园区南开学校

        天津海运职业学院

        天津机电职业技术学院

        天津轻工职业技术学院

        天津商务职业学院

        天津市电子信息技师学院

        天津市机电工艺技师学院

        天津现代职业技术学院

        天津职业大学

        天津职业技术师范大学

        天津中德应用技术大学

编 委 会

主　编：赵　放　王千文

副主编：孙亮洁　梁宇栋　马海宁　张朝伟　赵春梅

参　编：（按姓氏拼音排序）

白茹雪	蔡　蕾	陈　甫	高东海	高欢欢	韩　雷
韩小红	韩宜中	郝立果	黄瑞芳	李　达	李　悦
李亮宽	刘芳雪	刘明明	鲁金凤	商文杰	石文娟
宋怡繁	孙海青	唐　铭	王　飞	王金苗	王立民
王　宁	王　薇	熊　飞	徐　进	杨　明	杨雅婷
杨　卓	张欣然	张玉苓	赵菲菲	周灵科	左宏伟

《中共中央 国务院关于全面加强新时代大中小学劳动教育的意见》确立了劳动教育的重要意义、指导思想和基本原则；教育部印发的《大中小学劳动教育指导纲要（试行）》明确了劳动教育的性质、基本理念、教育目标和内容，并针对职业院校劳动教育的开展提出了具体的要求和实施途径。习近平总书记在出席全国劳动模范和先进工作者表彰大会时发表重要讲话，他提出："劳模精神、劳动精神、工匠精神是以爱国主义为核心的民族精神和以改革创新为核心的时代精神的生动体现，是鼓舞全党全国各族人民风雨无阻、勇敢前进的强大精神动力。""要把劳动教育纳入人才培养全过程……培养一代又一代热爱劳动、勤于劳动、善于劳动的高素质劳动者。"这进一步揭示了劳动教育对新时代中国特色社会主义建设和人才培养的重要意义及深远影响。

一年多以来，在国家现代职业教育改革创新示范区的窗口单位——天津海河教育园区管理委员会的直接指导下，本科院校、职业院校和基础教育学校在"共研、共建、共享、共用、共赢"的基础上组建了劳动教育联盟，通过研究国家政策、调查劳动教育的开展现状与需求分析，形成了常态化的劳动教育教研机制，实现了共同合作开发课程、协同参与教材编写的建设目标。本教材体现了天津市劳动教育的建设成果，作为职业院校劳动教育新形态一体化教材，本书具有以下鲜明特色：

一、内容架构科学合理

本书围绕职业院校劳动教育目标，明确把学生从普通劳动者培养为合格劳动者的职业教育使命。在内容设计上，建构了以劳动认知为先导，以劳动精神、劳模精神和工匠精神为主线,以劳动实践为途径的知行合一的劳动教育框架体系。通过劳动教育激发学生劳动情感,形成劳动意识,端正劳动态度。在培养学生成为合格劳动者的同时,为他们今后能够成为优秀劳动者、劳动模范和大国工匠做出目标设计和行动规划。

二、适应职业院校学生学习规律

针对职业教育的培养需求和学生的学习特点,本书设计了课前热身活动、阅读研讨、思考题和课后实践训练等多种教学形式,符合课程的内容设置,既体现出科学严谨的教材特征,又具有适合学生自主学习的读本风格,有助于提高学生学习的主动性。本书注重以情感人、以理服人、以行化人,课后实践训练有助于巩固学生的劳动认知,锻炼其综合运用能力。在教、学、做的过程中,帮助学生树立劳动精神,使其深刻领会劳动教育对个人成长和职业发展的重要价值。

三、案例选取突出职教特色

本书充分考虑职业院校学生的兴趣特点和生活背景,各专题均有学得会、做得到的典型案例作支撑,帮助学生透过人物故事理解劳动精神。这些案例多为职业院校培养的优秀劳动者,职教劳模、能工巧匠的典型事迹有助于提高学习者的认同感,增强本书的亲和力和可信度。

四、体现劳动教育的理实一体化

本书教学形式多样、生动活泼,既有知识传授,又有实践指导,还有价值引领,符合高职学生的认知特点,有意识地培养学生的思辨能力。为了落实"各个学生在劳动教育中都有必要的劳动实践经历"的要求,本书结合职业院校的专业特点和资源优势选取不同形式的劳动实践活动,用于指导学生开展实践,体现了职业院校劳动教育"理实一体"的教学特点。

本书各专题的编写分工如下:专题一由南开大学刘明明、鲁金凤、孙亮洁,天津海河教育园区南开学校商文杰、李达,天津商务职业学院高东海和天津大学杨雅婷编写,孙亮洁负责统稿;专题二由赵放,天津商务职业学院王宁、宋怡繁,天津现代职业技术学院黄瑞芳、左宏伟和天津机电职业技术学院梁宇栋编写,梁宇栋负责统稿；专题三由天津市海河教育园区管理委员会马海宁、高欢欢，天津市机电工艺技师学院唐铭、王立民，天津海运职业学院李亮宽，天津职业大学杨明、刘芳雪、白茹雪以及天津市电子信息技师学院徐进、王金苗、杨卓编写，马海宁负责统稿；专题四由天津海运职业学院张朝伟，天津中德应用技术大学韩雷，天津电子信息职业技术学院王薇、熊飞、韩小红、孙海青，天津轻工职业技术学院李悦、张玉苓和天津海河教育园区管理委员会马海宁编写，张朝伟负责统稿；专题五由天津机电职业技术学院陈甫、蔡蕾、石文娟、张欣然、赵春梅以及天津职业技术师范大学王飞、郝立果编写，赵春梅负责统稿；书中各专题的引言与部分教学设计由赵菲菲、韩宜中、周灵科编写。全书由赵放统稿。

特别感谢天津海河教育园区管理委员会、天津职业技术师范大学对本书的科学指导和组织支持。

在编写过程中，本书参考和借鉴了劳动教育研究方面的文献资料和部分网络资源，在此谨向相关作者表示诚挚的感谢。此外，本书选用了部分职业院校提供的设计作品，在此一并致谢。由于编者能力有限，书中难免有不足之处，敬请广大师生批评指正。

编　者

2021 年 9 月

目录

劳动认知

从我们的祖先开始直立行走、解放双手的那一刻起，劳动就贯穿了人类发展的各个阶段，奠定了人类文明的基础。古往今来，虽然劳动的形式因时间、空间的差异而有所不同，但劳动不是基于本能的无序行为，而是技术、经验、意志与智慧的高度结合。可以说，劳动是人类的本质，也是人类区别于其他生物的重要标志。劳动不仅创造了财富，在某种意义上也创造了人本身。

在劳动中，人类学会了使用工具、加工制造生产生活资料，劳动技能也不断发展。为了更高效地创造社会财富，劳动组织逐渐形成，它使劳动者、劳动工具和劳动对象实现了协调统一。劳动法律、法规的出现促进了劳动安全有序地进行，使劳动者权利得到了保障。劳动者是推动人类发展的中坚力量，正是他们辛勤、智慧的劳动，才使人类文明得以薪火相传。

关键词

劳动分类　　　　　　　　劳动者素质

劳动组织　　　　　　　　劳动安全保护

劳动法规　　　　　　　　劳动者权利

学习目标

1. 了解劳动的内涵、目的与意义
2. 明确劳动者应具备的知识、技能与素质
3. 了解劳动组织及其作用
4. 了解劳动者的权利与义务，培养劳动安全意识

重点与难点

1. 劳动的目的、意义及分类（重点）
2. 劳动者素质及权利（重点）
3. 劳动安全意识（重点）
4. 劳动组织及其作用（难点）

课前热身活动：劳动辩论会

- ## 活动内容

  学生组成正方、反方两队，就以下任意一个辩题举行一次"劳动辩论会"。

- ## 活动过程

  将全班同学们分为 4 ~ 6 组，每组 5 ~ 7 人，包含正方、反方两队，请就以下任意一个辩题简要地表达自己的看法。依据同学们辩论的结果，展开本专题的学习。

  1. 劳动的目的就是为了谋生。
  2. 脑力劳动比体力劳动更体面。
  3. 劳动技能比劳动品德更重要。
  4. 劳动者必须在劳动组织的管理下从事劳动。
  5. 酬劳是劳动者应该关注的重要问题。
  6. 年满 16 周岁就可以从事合法劳动。

- ## 活动思考

  1. 你对以上辩题是否还有其他见解？
  2. 你如何看待脑力劳动和体力劳动之间的关系？
  3. 你认为合法的劳动组织应当具备哪些特征？
  4. 请概述一下你的劳动观是什么？

1.1 劳动史观

1.1.1 劳动的产生与发展

　　什么是劳动？为什么说劳动创造了人？劳动又是如何发展的？让我们带着这些疑问来共同探讨劳动的内涵。

一、劳动的内涵

劳动的产生

　　什么是劳动？这是一个我们熟知却非真知的问题。

　　在中国历史上，先哲们对劳动的探讨和感性认知主要集中在劳动主体、生产工具和劳动对象上。如，许行认为"贤者与民并耕而食，饔飧而治"，即主张统治者和农民一起参加劳动；孔子曾说"工欲善其事，必先利其器"，这表明他认识到生产工具在劳动中的重要作用。

　　在西方思想史上，思想家们对劳动的探讨主要集中在劳动的目的、劳动对客观世界的影响等方面。如，英国古典政治经济学家亚当·斯密认为"劳动是衡量一切商品交换价值的真实尺度"；德国古典哲学家黑格尔认为"劳动陶冶事物"，在陶冶过程中给予劳动对象持久的形式，使它们从原来的自然存在物变成劳动产品。

　　同时，我们发现他们语境下的"劳动"与现代意义上"劳动"的概念有一定的差别。在批判吸收人类思想史观的基础上，马克思在《资本论》中对"劳动"作了科学而详细的论述：

劳动首先是人和自然之间的过程，是人以自身的活动来中介、调整和控制人和自然之间的物质变换的过程。人自身作为一种自然力与自然物质相对立，为了在对自身生活有用的形式上占有自然物质，人就使他身上的自然力——臂和腿、头和手运动起来。当他通过这种运动作用于他身外的自然并改变自然时，也就同时改变他自身的自然，他使自身自然中蕴藏的潜力发挥出来，并且使这种力的活动受他自己控制。[1]

根据此论述，我们可以简要地归纳出劳动的内涵，即人为了获得对自己有用的物质资料，而运用自身活动与自然产生的交互过程（图1-1-1）。从马克思的论述中我们可以提炼出劳动的三个要点。

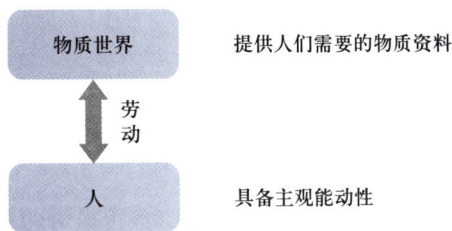

图1-1-1
物质世界与人通过劳动相互作用

劳动的主体是人 不同于其他动物满足基本生存需求的本能性活动，人类的劳动不是本能性的，而是有意识的，具有明确的目的性和计划性。例如，蜜蜂建筑蜂房的本领使许多建筑师感到惭愧，但最蹩脚的建筑师从一开始就比最灵巧的蜜蜂高明，原因就在于他在用蜂蜡建筑蜂房之前，已经在自己的头脑中把它"建成"了。劳动结束时得到的结果，在劳动开始前就已经在劳动者的意识中存在着。

劳动的直接目的是占有、生产所需要的物质资料 简单地说，我们参加劳动的首要目的是满足吃、穿、住、用、行等生活需要。例如，早期的类人猿用石块捕猎，是为了填饱肚子；古代人们手工缝制衣服，是为了保暖御寒；在大机器生产时代，工厂中制造的汽车是为了方便出行。此外，打扫卫生、擦黑板、洗衣服等活动都是劳动，因为它们服务于人的生活，为我们提供了干净整洁的环境。

劳动是人与自然相互影响的过程 即人在改变自然的同时也被改变了自身。一方面，人类通过劳动改造世界，使其更适宜生活；另一方面，人类在劳动中实现了自我的发展，制造复杂的工具使人类的脑容量不断增加，语言的进步有力地推动了人类的社会化。由此可见，人类在改造客观世界的同时自身也发生了变化。

根据以上三点，我们可以大概区分出日常生活中哪些活动是劳动，哪些不是劳动。在界定了劳动的概念后，我们会追问，从起源上看，劳动是怎么产生的？人与劳动的关系是什么样的？接下来就进入第二个问题。

二、劳动创造了人

如何理解劳动与人的关系呢？根据马克思主义的观点，劳动创造了人。恩格斯明确指出：

劳动是整个人类生活的第一个基本条件，而且达到这样的程度，以至我们在某种意义上不得不说：劳动创造了人本身。[2]

如何理解"劳动创造了人本身"呢？恩格斯在 1876 年写的《劳动在从猿到人的转变中的作用》一文中论述了人类的起源问题，他以自然科学的研究成果为依据，分析人类起源的社会规律，并指出由猿转变为人的主要因素是劳动。由于从事物质资料生产，人类得以脱离一般动物界，并在控制自然力和发展文化方面取得成就。具体包括以下论断。

手不仅是劳动的器官，也是劳动的产物

图 1-1-2
原始人类的生活
场景

古代类人猿在同自然界的漫长斗争中，前肢和后肢逐渐有了不同的分工，从树居生活变为地面生活后，前肢越来越多地从事其他活动。刚开始，类人猿用手做一些非常简单的动作，如摘取和抓住食物、投掷石块等（图 1-1-2），后来由于生存的需要，使用手的频率越来越高，以至改变了原有的行走习惯而采用直立行走。人类的手向着专门化的方向发展，并不断掌握新的技能，做越来越复杂的动作。在劳动的过程中，手变得越来越灵活，最后实现了质的飞跃，猿手变成了人手，并继续朝着更加完善的方向发展，一直发展到能够产生"拉斐尔的绘画、托尔瓦德森的雕刻以及帕格尼尼的音乐"等，不仅创造了物质财富，而且创造了人类文化。

劳动促进了语音器官和语言的发展　恩格斯指出，劳动的发展必然促使社会成员更紧密地结合，因为劳动使大家互相帮助和共同协作的场合变多了，每个人都清楚地意识到共同协作的好处，因而需要改进原有的信息传递方式，"猿类不发达的喉头，由于音调的抑扬顿挫的不断增多，缓慢地然而肯定地得到改造，而口部的器官也逐渐学会了发出一个个清晰的音节"。一句话，这些正在进化中的人已经到了彼此间非说不可的地步了，语言就这样产生了。马克思、恩格斯在《德意志意识形态》中指出："语言是意识的物质外壳。"语言和意识具有强烈的相关性，语言的进化证明人的意识也在进化，同时，语言的发展也促进了意识的发展和人脑的进化。

在劳动和语言的推动下，猿脑逐渐变成人脑，所有感觉器官也逐渐完善　劳动是体力和脑力的结合，为了在劳动过程中获得更丰富的生活资料，大脑的参与程度越来越高，在脑髓进一步发展的同时，它最密切的工具，即感觉器官，也发展起来了。从劳动中产生的语言对人脑的形成发挥着积极的作用。另外，大脑的发育和为它服务的感官、意识以及抽象能力和推理能力的发展，又反过来推动人的语言和劳动的发展，这一过程就形成了良性互动。

劳动创造了人类社会　猿没有能力从所占据的区域获得比自然界所供给的更多的东西，而人可以制造武器和工具、使用火、学会吃一切可以吃的东西，人还可以制作衣服、建造房屋，进而可以独立自主地生活。劳动促进了手的解放、语言的诞生，并且创造了大量的物质财富和精神财富，如艺术、科学、政治、法律、宗教等，增进了人与人之间的交往和联系，人有能力进行更复杂的活动，实现更远大的目标，所以说劳动创造了人类社会。随着社会性因素的增加，人类的发展一方面获得了强有力的推动力，另一方面又有了更加确定的方向。

图 1-1-3
从猿到人的演变过程

可以说，劳动在从猿到人的转变中起着决定性的作用，没有劳动就不可能产生人类（图 1-1-3）。劳动不仅创造人，劳动也可以改造人。人在劳动中除了对客观世界产生影响之外，也从劳动对象那里获取物质、能量和信息，进而实现劳动者自身的进步和改变。

劳动是人与动物之间的本质区别，如果一个人不参加劳动，仅仅依靠他人的劳动生活，那这样的人在某种意义上是不健全的。学习和理解劳动与人的关系对我们有着重要的意义：第一，劳动创造了人，因此我们要提高对劳动的认识，真正地重视劳动、热爱劳动。第二，我们要将劳动作为改造自我、提高自身素质的重要媒介和手段。

三、劳动的发展

劳动的发展

在漫长的历史长河中，劳动是如何发展的呢？我们简要地从劳动者地位、劳动工具、劳动分工形式等方面梳理其发展脉络。

劳动者的地位不断提高　在原始社会，人们集体劳动、共同生活、平均分配劳动果实，实行原始的生产资料公有制。在这种社会形态中，人们按性别、年龄实行自然分工，男性狩猎，女性采集，为谋取生活资源共同劳动，劳动成果共享。历史学家斯塔夫里阿诺斯在《全球通史》中指出："在食物采集部落中不但男女平等，而且部落成员之间也都有着很亲密的血族关系。每一个人都要对他人承担责任，当然也都享有同样的权利和特权。他们在寻找食物、躲避风雨和防御敌人的过程中互相帮助。"[3]虽然如此，但是这种平等是建立在生产力极度不发达、劳动工具简陋、人们的劳动技能低下、生存和生活难以得到有效保障的基础之上的，当劳动者生存都难以为继的时候，劳动者的地位更无从谈起。

随着生产力的提高和剩余产品的增加，生产资料逐渐变为私有制，人类进入阶级社会，有些人凌驾于劳动者之上，成为剥削者。奴隶社会中的奴隶主、封建社会中的地主、资本主义社会中的资产阶级，这些剥削阶级虽然在总人数中占比比较小，但是凭借对生产资料的占有，他们不仅可以不劳而获，而且拥有社会中的大多数财富。但是，我们也能看到，从奴隶到佃农再到工人，劳动者的人身自由逐渐有了保障，政治权利也在不断增加，他们的地位随着社会形态的更替也在提高。例如，在奴隶社会，奴隶只是会说话的工具，是奴隶主的财产，没有报酬、没有人身自由、没有社会地位。在封建社会，农民与地主之间仍存在一定的人身依附关系，地主掌握土地，通过榨取地租来剥削农民，相比奴隶来说，农民在名义上有独立的人身权。第二次世界大战之后，工人阶级通过抗争使生活状况得到了改善，在现代资本主义社会，工人已经在法律和政治上拥有同资本家一样的权利，但仍处于被压迫的地位。

劳动者的彻底解放在阶级社会中是无法实现的，只有步入共产主义社会、产生剥削阶级的社会条件不复存在后，实现真正意义上的生产资料公有制，实行按需分配，劳动者才能获得本质上的平等（图1-1-4）。

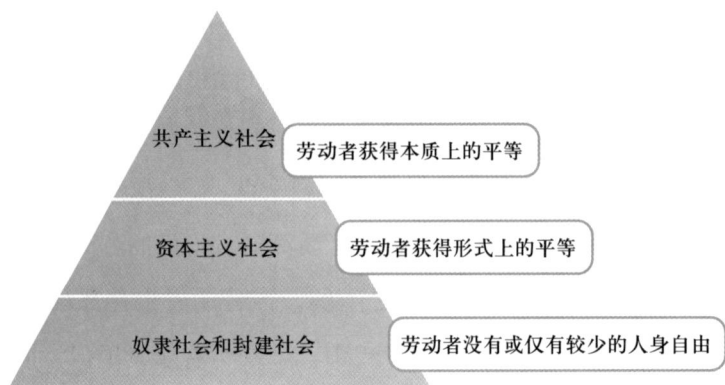

图 1-1-4
劳动者社会地位的
变化

劳动工具越来越先进　劳动工具也称生产工具，它是人们在劳动过程中所运用的物质资料，通俗来说是在生产过程中用来直接对劳动对象进行加工的物件，它被用于劳动者和劳动对象之间，起到传导劳动的作用，是劳动资料的重要部分。劳动工具可以成为划分经济时代的标准，正如马克思所说："各种经济时代的区别，不在于生产什么，而在于怎样生产，用什么劳动资料生产。"例如，在原始社会，人们主要使用石器、木制的矛等进行狩猎；在奴隶社会和封建社会，人们使用青铜器、铁器等进行劳作和农业生产；随后，蒸汽机、电力的使用开启了动力工具时代；随着科学技术的发展，智能机器时代正向我们走来。由此可见，从整个人类社会的劳动史来看，劳动工具变得越来越先进、越来越精密。

劳动分工形式走向脑体统一　从分工形式来看，劳动大体上可以分为体力劳动和脑力劳动，前者指的是劳动者以肌肉和骨骼等运动系统为主要运动器官的劳动，后者指的是劳动者以大脑神经系统为主要运动器官的劳动。客观来说，任何劳动实际上都是体力与脑力的结合，但具体到某个劳动，有的需要更多的体力参与，有的则需要更多的脑力参与，但这两者本质上应该是平等的。随着私有制和阶级的产生，脑力劳动成了统治阶级的特权，因而形成了脑力劳动与体力劳动的对立。根据社会不同的发展阶段以及脑力劳动和体力劳动的关系，我们大致可以将人类社会划分为四个时期：一是脑力劳动和体力劳动尚未分离的原始社会；二是脑力劳动和体力劳动逐渐分离、走向对立的奴隶社会和封建社会；三是脑力劳动和体力劳动对立越发尖锐的资本主义社会；四是脑力劳动和体力劳动重新统一的社会主义社会和共产主义社会。

在原始社会，人们尚处于石器时代，生产力低下，没有足够的剩余价值供养上层建筑，此时脑力劳动和体力劳动浑然一体，没有分离的必要和可能，但这只是低生产力背景下的脑体统一。

在原始社会向奴隶社会转变的过程中，生产力有所发展但又发展不足、劳动产品有剩余但又剩余不多，这就形成了使少数人摆脱体力劳动、专门从事脑力劳动的条件。奴隶制的确立、生产资料私有制的产生、阶级的出现，使脑力劳动和体力劳动的分工由可能变为现实，尤其是进入封建社会，这种分工更加明显。在当时，这是历史的进步，强制多数人提供社会所必需的物质资料，来保证少数人智力的发展，就成为发展生产力和科学文化的唯一的、可能的途径。但在阶级社会中，脑力劳动和体力劳动的差别体现着阶级的对立关系。在当时，体力劳动的强度非常大，而人的受教育程度有限，大脑得不到充分的发展，这对劳动者而言是一种摧残。奴隶、农奴等体力劳动者普遍处于较差的生产生活环境中，劳动成果被皇室贵族、文人墨客等脑力劳动者大量占有。由于脑力劳动者掌握着话语权，所以他们往往贬低体力劳动、抬高脑力劳动，发表诸如"劳心者治人，劳力者治于人""君子劳心，小人劳力"等言论。

进入资本主义社会之后，脑力劳动和体力劳动的对立更加尖锐。马克思指出这种分离和对立主要体现在：第一，相比于奴隶社会和封建社会，资本主义的生产方式进一步使"生产过程的智力同体力劳动相分离"[4]；第二，资本家将脑力劳动者的一般智力成果，如管理技术、组织技术等，转化为维护自身统治和压迫劳动者的工具，将"智力转化为资本支配劳动的权力"[5]；第三，"科学"作为高级的脑力劳动成果，也成为资本家压迫工人的工具，"大工业则把科学作为一种独立的生产能力与劳动分离开来，并迫使科学为资本服务"，这更加剧了脑力劳动与体力劳动的对立。

　　而社会主义社会建立了生产资料公有制，劳动者成为国家的主人，虽然脑力劳动和体力劳动的差别仍然存在，但已不再体现为阶级关系。这种差别对于社会主义社会仍具有客观必然性，社会主义社会的发展为不断缩小这种差别创造着条件。消灭脑力劳动和体力劳动之间的差别是一个长期的历史过程，消灭这种差别的根本途径是高度发展社会生产力、高度发展和普及科学文化教育。随着共产主义社会的到来，直接生产过程实现自动化，计划和管理过程实现自控化，繁重的体力劳动和重复的脑力劳动由机器来承担，人类就进入了体力和智力全面发展的新时期。正如马克思和恩格斯在谈到新社会的自由劳动时所说，"在共产主义社会里，任何人都没有特殊的活动范围，而是都可以在任何部门内发展，社会调节着整个生产，因而使我有可能随自己的兴趣今天干这事，明天干那事，上午打猎，下午捕鱼，傍晚从事畜牧，晚饭后从事批判，这样就不会使我老是一个猎人、渔夫、牧人或批判者"[6]。脑力劳动与体力劳动在生产力水平更高、生产关系更先进的共产主义社会里实现了更高层次的统一。

1.1.2　劳动的目的、意义及分类

　　劳动与我们的生活和工作息息相关，劳动不仅是为了谋生，更是满足生活的各项需要，劳动对个人、社会乃至整个国家都有着重要意义。

一、劳动的目的

劳动的目的

　　我们为什么要参加劳动？劳动的目的是什么？马克思在《哥达纲领批判》中给出了答案："劳动已经不仅仅是谋生的手段，而且本身成了生活的第一需要。"

　　劳动的直接目的是谋生　从起源上看，劳动是维持人类生存的必要活动，它以满足人们的衣食住行为首要目的。一个不参加劳动的人，其生存就得依赖于他人的劳动，马克思指出，"靠别人恩典为生的人，把自己看成一个从属的存在物"，而这种行为是不被我们提倡的。参与劳动、自食其力是我们真正成年和人格独立的重要标志。劳动是谋生的手段，这也意味着劳动没有贵贱之分，它们的目的都是一样的，即换取生存所需要的必需品。对于单个劳动者来说，在其没有组建家庭时，"谋生"意味着满足自己的需求；但当他组建家庭以后，"谋生"就意味着不仅要满足自己的生活需求，还要满足其他没有劳动能力的家庭成员的需求。所以，对于成年劳动者来说，必须不断提高劳动技能，这样才能换取更多的生活资料，进而承担起家庭的责任。对于我们学生来说，这就要求我们认真学习理论知识、努力提升专业实践能力、培育健康积极的心态，以便在将来就业时，我们可以将所学的本领在工作中施展，做有理想、有本领、有担当的劳动者。

　　劳动满足生活中更高层次的需要　谋生是一种动物本能，是我们低层次的需求。在满足温饱、谋生的基本需求后，劳动还可以满足更高层次的需要（图 1-1-5）。马克思曾指出，人类到了共产主义社会，劳动将会成为"生活的第一需要"。在那时，人们的心态将会从"要我劳动"变为"我要劳动""我想劳动"和"我的生活中不能离开劳动"。

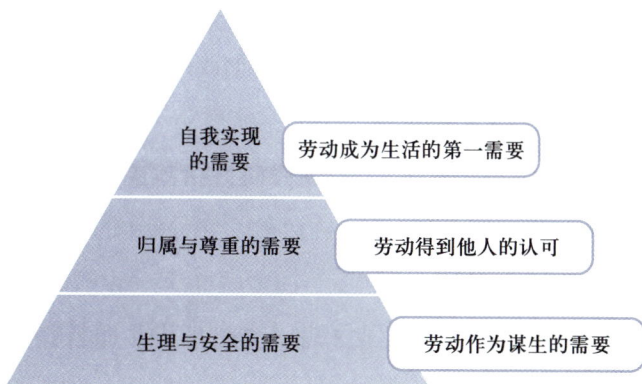

图 1-1-5
劳动需求层次

首先，劳动可以锻炼人的脑力和体力，提高人的身体机能。在谋生的过程中，劳动也使人的运动能力和思考能力不断发展。例如，教育专业的毕业生在走上教师岗位后，很快就能在教学实践中提升自己的语言表达能力和教学能力，并且会随着工作时间的增加而对教学内容更加熟悉，讲解时也会更加精准、到位。但前提是劳动要在适度的范围内，过度劳动反而会损害自身。因此，我们在日常生活中要注意劳逸结合，在积极锻炼自身能力、注重学习、总结和自我提升的同时，避免带病劳动、疲惫劳动，争取保持健康、积极的工作状态，为国家和社会做更多的贡献。

其次，劳动可以满足人的交往需要。人并非是孤立的，在劳动的过程中，人与人相互配合、团结协作，可以形成生产关系，进而满足人的交往需要。同时，马克思主义者认为交往和生产劳动是人类历史上两个重要的活动，二者是密不可分的。由于生产工序的日益复杂化，社会分工更加精细，同时也需要更多的人参与其中，以便生产出各式各样的产品并进行交换。如果离开了社会中的交往，这种生产、交换都将无法实现。另外，人们也正是在劳动中、在这种生产和交换的过程中逐渐完成了社会化，建立了一定的社会关系，拥有了归属感，满足了自身的发展需要。

再次，劳动可以满足人的尊严感。参加劳动意味着一个人有能力养活自己和帮助他人，成为一个对社会有用的人，它会让一个人树立信心。相反，如果一个人失业，它失掉的不仅是谋生的手段，更重要的是心理上受到了打击。从哲学意义上看，这是因为劳动实现和确证了人的本质力量。马克思在《1844年经济学哲学手稿》中指出人类的本质就是"自由自觉的活动"，即劳动。马克思在区分人的生产活动和动物的生存活动时指出：自由是人和动物两种活动的本质区别，同时自由则是在后天以劳动为主的实践中逐渐形成的。劳动中蕴含着人超越动物的"自由自觉"的本质特性，成为人确证自身自觉能动性的重要方式。当代德国哲学家霍耐特也强调有一种"承认的政治"，在劳动关系中，人们作为劳动者和价值的创造者是非常渴望被承认和被尊重的，一且这种承认关系被其他因素破坏，就很有可能引发一场"为承认而斗争"的社会冲突[7]。

最后，人们可以在劳动中追寻和实现自我价值，获得高级的精神快感①。马斯洛认为自我实现需要是指个体充分运用自身才能、品质、能力向上发展的需要。人在自我实现的过程中，会产生一种"高峰体验"，这个时候人处于一种和谐的状态中，有一种欣喜若狂、如醉如痴的感觉。例如，在科学、艺术、社会服务等领域工作的劳动者，当他们取得了科学进展、演出博得满堂彩、社会服务获得普遍认可时，他们往往会体验到劳动带来的精神快感，这比纸醉金迷的低级快感更让人感到充实。无论从事什么工作，只要真心地认为自身的活动对自我、对社会集体、对人类未来有价值，那么就能在劳动中满足自我实现的需要。从另一个角度看，我们也要热爱劳动，做有理想的劳动者，学会用高级的愉悦感奖励自己，尽量减少低级的感官刺激。

学习和理解劳动的目的，可以让我们学会用劳动来丰富生活，具体说来：第一，我们要认真对待每一份工作，因为它不仅承载着谋生的功能，同时还能让我们活得更有尊严；第二，我们要善于发现工作的乐趣，在工作中完善技能、锻炼自我，提高工作效率；第三，我们要认可自己的工作、认可这项工作给社会带来的价值，并为之努力，使自己做得更好。

由此可见，劳动没有高低贵贱之分，只要能满足我们谋生需求的合法劳动都是值得追求的劳动。工作无贵贱，行业无尊卑。"宁肯一人脏，换来万人净"的环卫工人时传祥、"公交车有终点，服务没有终点"的公共汽车售票员李素丽都值得我们尊重和学习。我们要充分发挥主观能动性，综合考虑社会需要、个人所学专业、兴趣爱好、职业生涯规划等因素，选择适合自己

---

① 社会心理学将精神快感按照获取的难易程度分为高级快感和低级（易得）快感，创造性活动、有意义的劳动、学习知识等活动虽然需要花费一定的时间和精力，但是可以引发长久的、持续的、给主体带来积极性改变的高级精神快感；而抽烟、喝酒、玩电子游戏等刺激精神器官的活动往往只能引发一时的、低级的快感，过度沉迷还会带来长久的空虚与身心伤害。因此我们要适度地享受低级快感，更多地追求高级快感。

的工作，通过诚实劳动来实现人生的梦想、改变自己的命运，反对一切不劳而获、投机取巧、贪图享乐的行为。

二、劳动的意义

劳动的意义

劳动是一切幸福的源泉，劳动对于人的自由全面发展和中华民族伟大复兴有着重要的作用和价值。

劳动创造幸福　习近平总书记在全国劳动模范和先进工作者表彰大会上的讲话中指出："劳动是一切幸福的源泉。"这句话深刻揭示了"劳动创造幸福"的内涵，明确了"热爱劳动就是追求幸福"的道理。在劳动中，我们不仅可以获取所需的生活资料、维持自身的生存和发展，同时，我们还能在劳动中找到归属、获得认同，进而实现自我价值。劳动是一个持续的、长久的奋斗过程。奋斗是劳动者宝贵的精神品质，也是劳动者的一种精神享受，正如习近平总书记所说，"奋斗者是精神最为富足的人，也是最懂得幸福、最享受幸福的人"。在劳动中，我们收获的不只是物质财富，更有宝贵的精神财富。因此，我们要崇尚劳动、尊重劳动，懂得劳动最光荣、劳动最崇高、劳动最伟大、劳动最美丽的道理，通过辛勤劳动实现个人幸福。

劳动为人自由而全面的发展提供了坚实的基础　首先，劳动产品总量增加。现在科学技术水平和生产力水平较高，我国大部分人已经有条件不再为获取基本的生活必需品而奔波劳累，有充足的时间寻求更好的发展。其次，劳动成果的分配日趋合理。不同于资本主义社会中大多数的财富被资本家攫取，社会主义社会在更广范围、更高层次上促进发展成果惠及人民，这也更加激励大家以饱满的热情投入社会生产实践中，创造出更多可以共享的物质财富和精神财富，从而为人自由而全面的发展奠定基础。例如，我们举全国之力帮助贫困人口脱贫，让他们免于贫穷的困扰，从而可以追求更高层次的需要。再次，劳动产品的质量实现巨大飞跃。以交通工具为例，在古代，人们若想从南京前往北京，可能只能乘坐马车，这或许要花费好几个月的时间；但是由于劳动人民的发明创造，现如今的人们可以选择乘坐高铁、飞机等交通工具，从南京到北京只需要几个小时，这大大节约了时间成本。现代传媒代替飞鸽传书、计算器代替算盘、打印机代替活字印刷术，这些例子比比皆是，劳动产品质量的提升不仅提高了我们做事的效率，从某种程度上说，也是为人自由而全面的发展提供了时间。最后，合理的劳动也可以促进体力和脑力的统一，进而促进人自由而全面的发展。

劳动为实现中华民族伟大复兴提供了可靠的人才队伍　习近平总书记指出："实现中华民族伟大复兴的中国梦，要靠各行各业人们的辛勤劳动。"敲锣打鼓实现不了民族复兴，只有依靠劳动、依靠一代代中国人的接续奋斗才有可能实现。首先，劳动锻炼了劳动者的体力、脑力，使其有能力担当民族复兴的重任。其次，劳动锻炼了劳动者团结合作的精神，使其懂得"力量从团结来，荣誉从集体来"的道理。最后，劳动锤炼了劳动者的品格，增强了劳动者的毅力，使其有志气、有闯劲，可以在广阔的社会舞台上展示自己的人生价值。

学习和理解劳动的意义，可以帮助我们在未来的生活和工作中提升对劳动的认同。我们要将个人的事业与国家的前途、民族的复兴联系在一起，以小我融入大我，提高对劳动的价值认同，在平凡的岗位上力争创造出不平凡的业绩，从劳动中收获幸福。

作为新时代的劳动者，我们要勇于承担历史使命，以民族复兴为己任，自觉把人生理想、家庭幸福融入国家富强的伟业之中，做新时代的追梦人。

三、劳动的分类

▶ 劳动的分类

根据不同的标准，劳动可以分为不同的类型，如体力劳动和脑力劳动，简单劳动和复杂劳动，日常生活劳动、生产劳动和服务性劳动等，在此我们

重点介绍后三类。

日常生活劳动　即能够满足个人基本正常生活需求的劳动，它是考查一个人是否具备独立生活能力的重要指标。

日常生活劳动包含生活的方方面面，如家庭清洁、收纳整理、烧水做饭等生活技能，这种类型的劳动可能很简单，也可能很复杂，劳动主体可以涵盖不同年龄段的人群。

中华民族从古至今都非常注重日常生活劳动，正如朱子在《小学》中所讲的"古者小学，教人以洒扫，应对，进退之节"。古代童子入小学后，先从"洒扫"开始学习，用现代的语言来讲，就是先从日常生活的劳动教育入手，使其养成清洁整齐的习惯和待人接物的礼仪。在古代，这种"洒扫应对"式的日常生活劳动教育，实际上注重的是人格的培育。由此可见，日常生活劳动是人格养成的重要基础，是修身、齐家、治国、平天下的前提。正所谓一屋不扫何以扫天下？只有在生活中注重强化自理、自立的意识，从小培养劳动能力，才能实现个人的健康发展，有利于自己在日后更好地适应社会生活。

生产劳动　即能够创造财富和价值的劳动，是人类最重要的实践活动，如工业、农业、建筑业等均属于生产劳动。除工人、农民外，教师、文艺工作者等也可以被雇佣从事脑力劳动而创造价值，由此可见，生产劳动的范围要更为广泛，它不涉及生产过程的性质，也不涉及产品的性质。在信息化的今天，生产劳动不仅体现为体力劳动，还体现为创造性的脑力劳动，尤其是在科学技术不断发展的背景下，未来还可能产生更多的生产劳动新形式。因此，生产劳动也是劳动者解决生计的主要方式，劳动者参与生产劳动进而获得相应的报酬。

职业教育更是与生产劳动密不可分，在学校，我们积极参加实习实训，可以将所学的理论与生产实践相结合，这是一种体验式、学习式的生产劳动。我们可以在实践中练就生存所需的职业技能，实现学校和企业的联通，实现职业技能与企业岗位的良好对接，为自己顺利就业并快速适应工作岗位打下良好的基础。此外，参与生产劳动还有利于培养创新意识。长期从事生产劳动不仅有利于技术的精进，也有利于创造性地解决生产过程中的实际问题。创新不是空中楼阁，只有在生产实践中才能产生并检验新技术、新工艺、新方法，积累职业经验，锻造工匠精神，为日后成为能工巧匠奠定技能基础，为中国迈入制造强国行列做出应有的贡献。

服务性劳动　即利用知识、技能、工具、设备等，为他人或社会提供服务，以促进国家和社会公共领域事业的发展为目的的活动。服务性劳动既可以是有偿服务，获得相应回报，为自己谋求生存和发展的空间，具有明显的利他性和利己性；也可以是无偿服务，从事以服务他人、奉献社会为目的的劳动，具有明显的公益性，这种劳动常见的形式有公益劳动、志愿服务劳动等。服务性劳动可以让人们在工作中强化社会责任、培养良好的社会公德，它也是培养学生勤劳节俭、关心他人、热爱集体的重要途径。职业院校学生利用专业特长，积极参加力所能及的服务性劳动。比如，为企业特别是中小型企业提供产品升级，提供家电、汽车等物品的养护与维修等。这些服务性劳动不仅能锤炼技能，还能服务社会，更好地实现个人价值。学生可以在劳动中锻炼才干，在奉献中培养吃苦耐劳、勇敢担当的品质，做到德、智、体、美、劳全面发展。

日常生活劳动、生产劳动和服务性劳动是每个人一生必不可少的三种劳动形式。对未来工作而言，生产劳动固然是重中之重，但日常生活劳动是保障个人健康发展的重要前提，服务性劳动则是提升个人道德感和实现个人价值的重要途径，是回报社会的最直接的方式，对职业院校学生的全面发展有着强有力的促进作用。总体上看，这三种劳动虽然内容不同，但是都很重要，它们相互促进、互为补充，缺一不可。

我们从劳动者的发展需求出发，阐释了日常生活劳动、生产劳动和服务性劳动这三者的内涵、关系以及对个人和社会的意义，这就需要大家在日常生活、学习和未来的工作中同等重视这三种劳动，重视在劳动中德技并修、全面发展，做优秀的劳动者。

1.2 劳动者

1.2.1 劳动者素质

劳动者素质

劳动者，顾名思义就是"劳动的人"，是对从事劳作活动的人的统称，其内涵广泛，凡是具有劳动能力，以从事劳动获取合法收入作为生活来源的公民都可称为劳动者，这既包括体力劳动者，也包括脑力劳动者。不同学科对劳动者的概念有不同的界定，我国法律中对劳动者的含义可归纳为以下三条：一是有年龄限制。劳动者的主体资格始于劳动者最低用工年龄，终于法定退休年龄。劳动者到达法定退休年龄后，与单位之间的用工关系由劳动关系转变为劳务关系；二是具有劳动能力，以从事某种社会劳动获得收入为主要生活来源，依据法律或合同的规定，在用人单位的管理下从事劳动并获取劳动报酬的自然人，包括本国人、外国人和无国籍人士；三是合法的劳动者还必须具备一定的条件，并取得劳动权利能力和劳动行为能力，以区别非法劳动者，如偷渡的打工者。

劳动者素质概括起来包括四个方面的内涵，即过硬的身体素质、科学的劳动知识、精湛的劳动技能、必备的劳动精神。劳动者素质对个人、国家和民族的发展至关重要。在当今世界，综合国力的竞争归根到底是人才的竞争、是劳动者素质的竞争，提高包括广大劳动者在内的全民族文明素质，是民族发展的长远大计。现如今，我国制造业和服务业的发展正迈向中高端水平，这对劳动者素质提出了更高的要求。"当代工人不仅要有力量，还要有智慧、有技术，能发明、会创新，以实际行动奏响时代主旋律。"新时代的劳动者要适应新一轮科技革命和产业变革的需要，勤学苦练、深入钻研，不断提高技术技能水平。

过硬的身体素质　习近平总书记在对以当代工人为代表的劳动者提出要求的时候，首先指出的一点就是"要有力量"。而"力量"就是身体素质过硬的体现，它不仅是革命的本钱，也是我们持续、稳定地从事劳动，长久地为社会做贡献的基础。我们可以从以下三个方面更有针对性地进行培育和锻炼，以养成过硬的身体素质。

首先，积极参加大众性的体育活动。如游泳、爬山、足球、排球、篮球、网球、武术等，此类运动内容广泛、形式多样，我们可以利用业余时间进行，不必过于追求运动成绩，以增强体质、丰富闲暇生活为主要目的，学习和掌握运动技术，提高个人的身体素质和精神气质，养成健康的生活习惯和运动习惯。

其次，重视学校的体育课程。习近平总书记高度重视体育课，他明确提出"要树立健康第一的教育理念，开齐开足体育课"[8]。这启示我们一方面要在体育课上积极学习体育知识，另一方面要将学到的知识运用到实践之中，用学到的体育技能科学地锻炼身体，重视自身的健康情况，促进身心协调发展。

最后，有条件的同学可以适当地参加竞技体育，最大限度地挖掘和发挥个人在体力、心理、智力等方面的潜力，攀登运动技术的高峰、创造优异的成绩，在"大舞台上展现中国青少年风采"[9]，将体育运动与荣誉感相结合。在发挥个人能力的同时树立竞争意识和规范意识。

科学的劳动知识　当今第四次工业革命正在快速推进，科学技术是第一生产力，科学知识也早已成为核心生产要素。因此，一名优秀的劳动者必须具备科学的劳动知识，这包括两个层面的内涵：一是通识性科学知识，即劳动者应具备基本的科学常识和人文素养；二是专业性劳动知识，即劳动者通过学习专业知识，掌握相关行业或领域的专业技能。

这两者是互促互通的关系，通用知识促进职业能力的提升，专业知识形成职业竞争力。在学习过程中，合理分配通识知识与专业知识的比重，寻求二者平衡，既可以整体组合，也可以局部融通，实现德才兼备、德技并修、全面发展。这是当前高等教育、职业教育一直强调"通专融合"的根本原因，也是提高劳动者素质和满足企业人才需求背景下的大势所趋。通识教育是人文教育，它超越功利性与实用性，旨在培养学生良好的思想品德、健全的人格、积极向上的价值观等，是素质教育最有效的实现方式。专业教育是传授某一领域的具体技能，按照产、学、研结合后确定的人才培养方案和培养计划培养学生，能使学生的专业能力满足社会需求。通专融合是传统教育观念和教学组织方式的深刻变革，是职业教育改革发展的必然要求，也是适应经济社会发展新要求、培养现代化、国际化人才的必然选择。

精湛的劳动技能　中华民族是崇尚劳动、善于创造的民族，在历史长河中，曾涌现出无数令人赞叹的技艺大师：古有木工始祖鲁班、治水先驱李冰、造纸鼻祖蔡伦等能工巧匠，现有火箭焊接大师高凤林、火药雕刻师徐立平、钟表修复师王津等大国工匠，正是这些技能精湛的劳动者创

图 1-2-1
中国古代的能工
巧匠

造了灿烂辉煌的古代文明和今天的中国奇迹（图 1-2-1）。

习近平总书记指出："素质是立身之基，技能是立业之本。"精湛的劳动技能是劳动者进入工作岗位的"敲门砖"，是稳定就业和高质量就业的保障。《中华人民共和国国民经济和社会发展第十四个五年规划和 2035 年远景目标纲要》中明确要求，"加强创新型、应用型、技能型人才培养，实施知识更新工程、技能提升行动，壮大高水平工程师和高技能人才队伍"。这就需要劳动者对产品精雕细琢，对工作精益求精，在生产实践中形成务实严谨、勇于创新的工匠

精神和劳模精神，走技能成才、技能报国之路，为推进产业基础高级化、产业链现代化，建设制造强国、质量强国贡献自己的力量（图1-2-2）。

图 1-2-2
打造一流产品，
塑造中国品牌

必备的劳动精神　崇尚劳动、热爱劳动、辛勤劳动、诚实劳动，是新时代劳动者应该具备的劳动精神。习近平总书记在 2020 年全国劳动模范和先进工作者表彰大会上指出："劳模精神、劳动精神、工匠精神是以爱国主义为核心的民族精神和以改革创新为核心的时代精神的生动体现，是鼓舞全党全国各族人民风雨无阻、勇敢前进的强大精神动力。"作为新时代的学生，我们要注意用劳动模范和先进工作者的崇高精神和高尚品格鞭策自己，激发劳动热情，恪守职业道德，在全面建设社会主义现代化国家中建功立业，开拓进取。

学校和社会要大力弘扬劳动精神，教育引导学生崇尚劳动、尊重劳动，懂得劳动最光荣、劳动最崇高、劳动最伟大、劳动最美丽的道理。面对激烈的国际竞争，作为中华民族伟大复兴中国梦的践行者，我们要树立正确的劳动观念，主动提升劳动意识，做到辛勤劳动、诚实劳动、创造性劳动，充分发挥个人的积极性、主动性和创造性，当好主人翁，建功新时代，为建设社会主义强国添砖加瓦。

1.2.2　劳动者的节日

劳动者的节日

国际劳动节又称"国际示威游行日""五一国际劳动节"，是全世界劳动人民共同的节日。国际劳动节的设立是为了纪念 19 世纪末劳动者通过大规模游行示威争取个人合理权利所取得的胜利。

一、劳动节的由来

19 世纪中期，欧美资本主义国家的经济迅速发展，为了榨取工人们更多的剩余价值，资本家采用增加劳动时间和劳动强度的方式不断地剥削工人。在美国，当时的工人每天要工作 14 ~ 16 个小时，有的甚至长达 18 个小时，但工资却很微薄。

哪里有压迫哪里就有反抗，沉重的经济负担和日益加深的阶级压迫激起了无产者的强烈不满，他们团结起来抵制资本家的压迫。在 1877 年，美国爆发了历史上第一次全国罢工运动。工人阶级走向街头游行示威，向政府提出改善劳动与生活条件、实行八小时工作制的要求。美国国会迫于工人运动的压力制定了八小时工作制的法律，但是很多资本家对这项法律不予理睬，工人们仍然生活在水深火热之中。1886 年 5 月 1 日，以美国芝加哥为中心，35 万工人进行了声势浩大的大规模罢工和示威游行，示威者要求改善劳动条件，严格落实八小时工作制。经过艰苦的流血斗争，工人们终于获得了胜利。为纪念这次伟大的工人运动，世界范围内多地都举行了工人抗议活动。这些活动成为国际劳动节的前身。

1889 年 7 月 14 日，在恩格斯组织召开的第二国际成立大会上，与会代表一致同意将每年 5 月 1 日定为国际无产阶级的共同节日，即国际劳动节。这一决定得到了世界各国工人的积极响应。1890 年 5 月 1 日，欧美各国的工人阶级率先走向街头举行大规模的游行和集会，争取合法权益。从此，每年 5 月 1 日，世界各国的劳动人民都要集会、游行以示庆祝，国家安排公众放假，这就是劳动节的由来。

二、中国的劳动节

中国人民庆祝劳动节的活动可追溯至 1918 年。这一年，一些工人运动的参与者在上海、苏州、杭州、汉口等地向群众散发介绍"五一"劳动节的传单。1920 年 5 月 1 日，北京、上海、广州、九江、唐山等各工业城市的工人们浩浩荡荡地走向街市，举行了声势浩大的游行。《新青年》出版的《劳动节纪念号》（图 1-2-3）发表了李大钊的《"五一"运动史》，该文介绍了"五一"劳动节的来历和美法等国工人纪念"五一"劳动节的活动，号召中国工人把这年的 5 月 1 日作为觉醒的日期；还发表了陈独秀的《上海厚生纱厂湖南女工问题》一文，揭露了资本家剥削工人剩余价值的真相。在北京，李大钊领导了以北京大学为中心的纪念活动，一些北大学生和青年外出宣传，散发《五月一日北京劳工宣言》，呼唤工人为反对剥削、争取自身权利而斗争。邓中夏到北京长辛店，向铁路工人散发《五月一日北京劳工宣言》并发表演讲。这是中国首次纪念"五一"国际劳动节的活动，也是中国历史上的第一个"五一"劳动节。1921 年 5 月 1 日前夕，在北京共产主义小组成员邓中夏等人创办的长辛店劳动补习学校里，工人们学唱《五一纪念歌》，其歌词是："……记取五月一日之良辰。红旗飞舞，走光明路，各尽所能，各取所需，不分贫富贵贱，责任唯互助，愿大家努力齐进取。"这首雄壮有力的歌是由长辛店劳动实习学校的教员和北京大学的进步学生共同创编而成的。

中华人民共和国成立之后，中央人民

图 1-2-3
《劳动节纪念号》

政府政务院于 1949 年 12 月将每年的 5 月 1 日定为法定的劳动节。劳动节在我国新民主主义革命的进程中，在号召工人觉醒、反对剥削、争取工人阶级权益等方面发挥了重要的作用。

劳动节作为国际性节日，是全世界各国工人阶级长期艰苦斗争取得的重要成果。无数劳动者通过斗争，用英勇顽强的奋斗精神和牺牲精神，争取到了自己的合法权益，这是人类文明进步的见证。劳动节对于世界各国劳动人民来说有着重要的激励作用，值得我们每个劳动者纪念。作为新时代的青年，我们要始终牢记这段历史，深刻认识到这个节日的历史意义和现实意义。无论时代条件如何变化，我们始终都要崇尚劳动、尊重劳动者，重视工人阶级和广大劳动群众的主力军作用。我们要认真学习国际劳动节所蕴含的奋斗精神，以辛勤劳动为荣，以好逸恶劳为耻，通过劳动磨炼意志、提高自我，努力使自己成为一名新时代的优秀劳动者。

1.3 劳动组织

1.3.1 劳动组织概述

生活在社会上的人，一般会是某个劳动组织的成员或者与某些劳动组织有着紧密的联系，比如工厂、饭店、加油站、超市等。那么，究竟哪些组织属于劳动组织呢？

一、劳动组织的含义

组织就是由若干个人或群体所组成的、为实现某个共同目标而协同行动并且有一定边界的社会实体。它包含三层含义：第一，组织必须以人为中心，将人、财、物合理配合，并保持相对稳定而形成的一个社会实体。第二，组织有全体成员都认可并为之奋斗的共同目标。第三，组织有一个明确的边界，以区别于其他组织或外部环境。

劳动组织是以劳动者为构成人群、以创造价值为主要目标，通过有序管理、组织劳动者协同一致做出劳动行为的群体。劳动组织是根据企业的需要，按照分工与协作的原则，正确处理劳动集体之间、劳动者之间以及劳动者与劳动工具、劳动对象之间的关系，建立有效的劳动生产体系的方式。劳动组织依靠劳动者创造价值，对劳动者和生产要素、生产流程等方面的管理则是劳动者协同劳动的必要条件。

劳动组织的
分类

二、辨识劳动组织

劳动组织主要分为社会劳动组织和企业劳动组织。生产产品和提供服务的劳动组织是最为常见的，也是最典型的。例如，生产汽车或日用品的工厂是劳动组织，提供服务的餐饮企业、公交公司也是劳动组织，这些组织为我们提供了日常生活所需的产品及服务，提高了社会的劳动效率。

我们可以根据以下标准来判断一个组织是否属于劳动组织。

劳动者的数量　例如，一个阿姨自己经营一个早餐店，通过制作和售卖早点获得利润，只能说这位阿姨是一个劳动者，而非一个劳动组织。但像全聚德、南京大牌档这种餐饮企业则属于劳动组织，因为它们有劳动集体，并且劳动者之间有明确的分工和协作。

分析其成员是否属于劳动者　当一个组织内的成员不属于劳动者时，这样的组织也不能被称为劳动组织。例如，一个足球俱乐部在成立之初只是为了组织足球爱好者开展足球运动，此时，踢球只是个人爱好，大家是在运动而非劳动，这时俱乐部就不是劳动组织。不久后，该俱乐部加入了商业联赛，与其成员签订了劳务合同，体育爱好者变成职业球员，"踢球"就成了劳动，这时俱乐部也就成了劳动组织。

探寻其是否对劳动者进行组织和管理　如果一个组织名义上通过劳动者的劳动创造价值，但实际上缺少对劳动者的管理和组织，那它仍不能被称为劳动组织。例如，一家 SP 空壳公司在注册时至少有 10 名技术人员，且该公司均与其签署劳动合同，这看上去是标准的劳动组织，但实际上 SP 空壳公司只有名字，没有经营的业务，也无需对这些技术人员进行管理，因此该公司也不属于劳动组织。

了解了劳动组织的概念后，我们该如何看待不同的劳动组织呢？

第一，劳动组织没有高低贵贱之分。无论是国企、私企还是事业单位，都是社会经济发展的重要推动力，是劳动者获取经济来源的平台。只要劳动者有充足的技能储备，无论在哪种劳动组织中都能实现自我价值。

第二，选择劳动组织要契合自身职业发展的需要。劳动者在选择劳动组织时应该依据自身的专业特长和兴趣爱好做出合理选择，要对自己进行职业规划，不能人云亦云、人厌我厌。

第三，劳动者不一定在已有的劳动组织内工作，也可以充分利用技术和资源进行创业。只要对国家和社会有益，劳动者有充足的就业自由。

从组织到劳动组织，我们理解了它们的含义，对劳动组织和其他组织的区别有了较为清晰的认识，同时也明确了劳动者与劳动组织之间的内在联系。在此基础上，我们要学会正确地看待劳动组织，理性择业，选择适合自己的工作。

1.3.2　劳动组织的作用

劳动组织的
作用

在现代社会中，千千万万的劳动者组成了一个庞大的劳动群体，他们分属于不同的劳动组织。由此可见，没有管理的集体劳动是不可想象的，劳动组织在整个劳动过程起着重要的作用。

实现劳动者与生产资料的合理配置　生产资料是生产过程中的劳动资料和劳动对象的总和，是劳动者进行物质生产的必备条件，它包括生产工具、机器设备、土地、厂房、原料等。劳动组织可以通过安排劳动场地、提供工具设备、完善基础设施建设等方式实现劳动者与生产资料的科学配置。

案例解析　　　　　　　　　　中建三局：合理配置显神速

　　新冠肺炎疫情期间，中建三局在雷神山和火神山的工程建设中扮演了"组织者"和"总调度"的角色，统筹制定了通往胜利的路线图。建设初始，中建三局迅速调集在武汉市加班工作的 1 400 多名工人，使其投入到基础工作的建设中，与此同时还广发"英雄帖"，一呼百应、八方来援，随着工作人数的不断增长，更凸显了统一策划、组织和协调的重要性。在建设后期，该工程需要统筹组织上万人，安排几十道工作流程。正是因为策划有序，才能保证每家单位都能最大化地发挥专业优势，保持各单位的施工节奏一致。最终，仅用 10 天建成的火神山和雷神山医院为疫情防控做出了突出贡献。

　　中建三局作为劳动组织，为劳动者们提供了劳动场所、劳动工具和相对完善的基础设施，同时进行了合理的组织和协调工作，从而起到了合理配置劳动者和生产资料的作用。

　　形成科学严密的协同机制　在现代社会，产业分工高度精细化，制造产品和提供服务的过程变得越来越繁复，需要各层次、各专业的劳动者有效配合才能完成。劳动组织的重要作用之一，就是通过科学管理，促进劳动者相互配合，把握生产和服务的流程，最终形成科学严密的协同机制，并依靠这一机制提高劳动效率、降低劳动成本，更好地创造价值。

案例解析　　　　　　　　　　泰达公司：协同合作保生产

　　天津泰达洁净材料有限公司是业内知名的口罩滤材研发和生产厂家。在疫情初期，为了最大限度地保障政府疾控的需要，公司组织动员 60 多位工人和技术人员在岗工作，保证 4 条口罩滤材生产线 24 小时不间断生产，日产量达 10 吨，可供下游口罩厂商生产 700 万至 800 万只口罩。为保证抗疫一线的物资供应，公司一周的接单量相当于平时 3 个月的接单量。为此，公司党委还请回了退休专家、职工优化技术，一个月就完成了医用 N95 级口罩线的投产，实现了产业链的闭环。

可以看出，泰达公司通过科学有效地组织劳动活动，在紧张的疫情环境中形成了一个协调统一的整体，充分发挥了广大劳动者的力量，生产了大量防疫物资，为抗击新冠肺炎疫情提供了有力的物质保障。

提高生产效率和产品质量　很多公司、企业之所以能做大做强，除了有不畏艰难的精神外，更因为它们重视生产、管理、销售等过程。以生产过程为例，这些公司、企业往往力争每个生产环节都做到"零瑕疵"，为员工制定详细的劳动标准，在员工正式上岗前进行严格的培训，使其了解本岗位的工作内容、工具的使用及安全知识等。这正是公司、企业作为劳动组织所起到的作用。

劳动规范和工艺标准的制定让劳动不断升级，这不仅提升了生产水平，还规范了劳动者的劳动行为，有利于提高生产效率和产品质量。在劳动组织的推动下，生产劳动逐步实现高效率和科学化。

制定劳动规章制度　劳动组织可以制定规章制度，让劳动者有章可循、有法可依。劳动组织所制定的劳动规章制度是国家法律、行业法规的细化和延伸，这些规章制度既是劳动组织规范建立的基础，又是用人单位和劳动者实现双赢的保障。劳动组织为劳动者制定规章制度可以体现在以下三个方面。

第一，从员工的选聘、任用、培训、考核等方面制定一系列的制度，为劳动者的选拔、晋升和未来努力的方向提供指导。

第二，在产品的质量、技术和专业性三个方面制定和实行严格的产品检验制度。例如，一些公司出台一系列的"禁令""准则"，为产品质量保驾护航，同时制定相关的惩罚措施，以此保障为社会提供优质的劳动产品。这些做法有助于劳动成果得到社会公众的认可，提升劳动组织及其劳动者的社会名誉。

第三，在产品销售、安装、服务等终端环节制定详细的、具有指导性的产品说明，确保产品从生产到售后都有章可循，体现了生产过程的规范性。

重视规章制度的建设，并努力发挥其对劳动的规范和促进作用，是劳动组织的重要工作内容。作为劳动组织中的一分子，我们要重视劳动组织在劳动生产中的重要作用，遵守相关章程，在此基础上，更要积极地融入劳动组织，为集体贡献自己的力量。

1.4　劳动安全与法规

1.4.1　劳动安全

一、劳动安全的含义

劳动安全的含义及保护

劳动安全，又称职业安全，是劳动者享有的在职业劳动中人身安全获得保障、免受职业伤害的权利。联合国《经济、文化和社会权利国际公约》第7条规定，缔约各国承认人人有权享受公正和良好的工作条件，特别要保证安全和卫生的工作条件。作为公约的缔约国，对于劳动者的这项权利应该以立法形式加以确认并提供完善的保护。

劳动安全是指根据国家法律法规，依靠技术进步和科学管理，保护劳动者在劳动过程中的安全与健康的法律保障。劳动组织应采取相应措施，改善危及人身安全健康的不良条件，减少劳动事故发生的概率。

劳动安全主要包括两个方面：一是保证劳动者在劳动中的生命安全，防止事故的发生；二是保护劳动者身体健康，也就是防范职业病。通过采取相应措施，保护享有劳动权利的主体，是生产经营单位的首要责任，同时也是国家和社会进行管理的重要内容之一。

二、劳动安全的保护

国家、社会和生产经营单位主要采取以下方式来保障劳动者的身心健康和基本权益。

制定劳动保护的法律法规　《中华人民共和国劳动法》和《中华人民共和国安全生产法》是有关劳动保护的两部主要法律，此外还有《中华人民共和国民法典》《中华人民共和国劳动合同法》《中华人民共和国社会保险法》《中华人民共和国职业病防治法》《工伤保险条例》等十余部法律、法规，我国已经形成了较完备的劳动保护法规体系（图1-4-1）。

图 1-4-1
保护劳动者

与劳动保护相关的法律法规和规章制度可以按实施途径划分为两个主要类型：一是以规范生产行为为目的的立法，此类立法在内容上明确了安全生产的要求和责任，对劳动者工作时长、工作强度、卫生保健等事项做出了规定。二是以规范生产技术为目的而制定的制度，如设备维修制度、安全操作规程等。这在生产型企业中最为突出，尤其是工厂、车间、变电站、机房等，都会涉及设备维护和维修的问题，只有合规操作，才能最大限度地保障自身的安全。

劳动保护的管理与宣传　企业的安全管理部门负责组织劳动保护工作的宣传、教育与管理。劳动保护管理主要涉及安全教育制度、安全责任制度、安全检查制度等。相关部门采取专业管理和群众监督相结合的方式，实行职能部门、企业、车间、班组及员工个人分级负责制，确保劳动安全落到实处。

安全技术的应用　为了消除生产中引起安全事故的潜在隐患、保证劳动者在生产中的安全，企业会改进技术。例如，在电气设备和机械传动部位设置安全保护装置、在压力容器上设置保险装置、用辅助设备减少劳动者从事繁重劳动或危险操作的频率、为高空作业和水下作业的劳动者配备防护装置等。在生产中引进安全技术，有利于减少各种事故发生的概率，提高生产的安全性。

劳动卫生的防护　劳动卫生主要包括防治职工多发病和职业病、保障生产场所的劳动卫生和工业设计卫生、三废治理[①]等内容。它主要解决威胁职工健康的卫生问题，实现健康生产。劳动卫生包含以下几个方面。

减少粉尘危害：各工厂、企业应根据实际条件，采取配发口罩等防尘措施，减少劳动者与粉尘接触的时间、降低接触的浓度和强度。

减少有毒物质的危害：在装卸、搬运和使用有毒物质的过程中，应为劳动者配发防毒面具，减少接触的时间、降低浓度和强度，预防中毒。

减少噪声和强光刺激：产生强烈噪声的生产活动应尽可能地在设有消声设备的单独工作房中进行；在有噪声、强光、辐射热和飞溅火花、碎片、刨屑等场所操作的工人，企业应分别为其供给护耳器、防护眼镜、面具和帽盔等用品，减少职业性损害。

减少自然环境因素所带来的损害：如劳动者在高寒地区的冬季进行露天作业时，企业应配发保暖衣物，降低其冻伤的概率。

关注职工多发病和职业病：在某单一环境中工作，劳动者容易出现个别器官或身体系统的过度疲劳，如视力下降、颈椎僵直等，企业可以组织员工做眼保健操、广播操放松身体，减少职业性损害。

个人防护用品的供应：个人防护用品主要有安全帽、安全面罩、护目镜、防尘面具、防毒面具、特种手套、安全鞋、安全带、工作服装等。

女职工与未成年工的特殊保护　《女职工劳动保护特别规定》由中华人民共和国国务院于 2012 年 4 月 18 日发布，自 2012 年 4 月 28 日起施行，此文件对女职工的工作环境、孕期、生育期、哺乳期的劳动范围和工作时长等都有明确的规定，也对用人单位在预防和制止女职工受到性骚扰等方面提出了明确要求。

《未成年工特殊保护规定》由劳动部（现为中华人民共和国人力资源和社会保障部）于 1994 年 12 月 9 日发布，自 1995 年 1 月 1 日起施行。我国

[①]　三废治理是指采取多种措施对工业生产排放的废气、废水、废渣进行处理和合理利用的系统工程。

规定未成年工是指年满 16 周岁，未满 18 周岁的劳动者。未成年工的特殊保护是针对未成年工处于生长发育期的特点，以及接受义务教育的需要，采取的特殊劳动保护措施。此文件对未成年工从事的劳动范围、劳动强度以及有生理缺陷和患有疾病的未成年工的劳动活动有明确的规定，要求用人单位对未成年工的使用和特殊保护实行登记制度，并定期为其进行健康检查。

劳动安全对于劳动者来说具有重要意义。首先，安全是人类的本质要求，人类劳动的目的就是为了获得生存的安全。生存权是人享有的基本权利，安全是人的第一需求。其次，保障劳动者的劳动安全是社会文明进步的重要标志。在生产力水平较低的历史时期，劳动者的安全和健康得不到应有的保障，安全事故频发。如古代渔民出海捕鱼，会祈求妈祖①的保护，正是因为其安全得不到保障，所以才向神求助，以求安全。随着社会的进步、生产力水平和科学技术水平的提高，劳动安全的水平也应该相应提高。第三，保障劳动者的劳动安全是实现其美好生活的内在要求。每一名劳动者都希望通过自己的劳动有稳定的收入、健康的身体和幸福的家庭，实现自己美好生活的愿望。但是如果没有安全保障，所有的期盼都会化为乌有。

三、劳动安全的意识培养

劳动安全的意识培养、原则及措施

培养戒备和警觉意识　安全意识，就是人们头脑中建立起来的"生产必须安全"的观念。人们在生产活动中，对各种各样的、可能对自己或他人造成伤害的外在环境条件要有一种戒备和警觉的心理状态。很多安全事故都是因为"无知者无畏"造成的，因为不认识危险而失去了防范危险的能力和机会。认识危险提示标识是防范危险的前提。熟记标识，遵规守纪，才能有效地避免危险，才能从根本上提高安全意识。

培养安全第一的意识　生命重于泰山，要牢记"安全第一，生命至

---

① 妈祖是流传于中国沿海地区的民间信仰。人们在出海前会祭拜妈祖，祈求顺风和安全。

上"的原则，强化安全意识。在生产和生活中，运用安全设备、学习安全知识、培养安全意识都是确保安全的手段和方法，其中，安全意识是最重要的。据统计，98%的事故是人为引起的，在人为因素中，安全意识薄弱造成的事故占 90% 以上。在各类事故的通报中，不难发现常有同类事故多次发生的情况。所以，培养

图 1-4-2
安全第一

安全第一的意识是确保劳动安全的重要前提（图 1-4-2）。

培养依法守规的意识　卫生安全、生产安全、环境安全、经济安全、文化安全等，都有明确的法律规定，我们要学会用法律来保障和维护劳动安全。

案例解析　　江苏响水爆炸事故：违法失责铸成大错

　　2019 年 3 月 21 日 14 时 48 分许，江苏天嘉宜化工有限公司化学储罐发生爆炸事故，波及周边 16 家企业。"3.21"响水化工企业爆炸事故造成 800 多人伤亡，直接经济损失 19.86 亿元。2020 年 11 月 30 日，法院对涉案的 7 个被告单位和 53 名被告人依法判处刑罚。

　　经调查，此次爆炸事故的直接原因是旧固废库内长期违法贮存的硝化废料自燃引发爆炸。该公司无视国家环境保护和安全生产法律法规，违法贮存、违法处置硝化废料，企业管理混乱，响水县应急管理部门监管执法不严，江苏省、盐城市未认真落实地方党政领导干部安全生产责任制，重大安全风险排查管控不全面、不深入、不扎实，导致此次事故的发生。

　　通过此案例我们可以看出，监管者、管理者、生产者都应该严格遵守法律法规，从自己的岗位职责出发，及时控制危险源，排查并消除安全隐患，切实提高安全意识，加强劳动安全教育，从而提高发现风险、应对风险和化解风险的能力。只有确保每个环节都符合规范，才能避免类似的悲剧再次发生。

在未来的工作中，我们要严格遵守工作的规章制度和操作流程，有一些工作岗位还会有明确的操作规范和安全标准。违规一次，可能不会出现事故。但是违规多次，就一定会发生事故。认为"小概率的事件不会发生"属于侥幸心理，也是劳动安全的最大隐患。只有严格遵守规章制度、依法守规地从事生产劳动，才能减少意外事件发生的概率。

作为即将走上工作岗位的未来劳动者，我们要有充分的安全知识储备，形成良好的劳动安全意识和自我保护意识，不断提升自己防范风险的能力，成为一名遵规守法的劳动者。

四、劳动安全的原则及措施

劳动安全的基本原则　一般来讲，确保劳动安全既有一般岗位的通用原则，也有特殊行业、特殊岗位的专业原则。通用原则主要包括以下三个方面。

第一，生命至上的原则。在劳动过程中，必须首先保证生命安全，没有了生命，其他的物质财富都是零。在安全上，必须明白 100-1=0 的道理，即一次事故就是安全管理的全部失败。

第二，防患于未然的原则。所有事故的发生都有明显的原因，如人的不安全行为、物的不安全状态和管理上的缺陷等，这在生产系统中被称为安全隐患。排查并消除安全隐患，能够有效减少事故发生的概率。

第三，安全习惯的养成。良好的劳动安全习惯是避免事故发生的重要条件之一。安全习惯主要包括以下几个方面：上岗之前，要熟悉自己的岗位职责和工作内容，主动参加培训，对于不太熟悉的工作内容和工作要求，要多向有经验的员工请教，尤其要明确工作流程，不能贸然操作。有些操作岗位对于工作服有明确的要求，比如必须戴安全帽、工作帽，必须穿标准工作服和规定的工作鞋等。企业中的统一着装不仅是为了整齐好看，更是为了安全。使用设备前要对设备进行检查，确认运行正常后再进行操作。发现设备异常必须立即停止使用，等待检测、检修，确保处于正常状态后方可使用。操作结束时要做好收尾工作，如关闭机器，将操作工具放回原位等。

除了上面提到的通用原则，还有一条被很多行业使用的安全口号，即"不伤害自己，不伤害别人，不被别人伤害"，以提醒员工在工作时确保个人与他人的安全。

案例解析   小习惯 大作用

曾有一位学徒，经常因为天气炎热不戴安全帽，师傅告诫他，要养成良好的习惯，徒弟却不以为然，认为现在技术如此发达，生产环境这么好，发生危险的概率很低。有一天，师徒二人在工地工作时，起重机的吊装带突然发生断裂，情急之下师傅一把推开徒弟，自己却没躲开，被吊装带击中了头部，安全帽直接被打飞，徒弟也被吓得愣住了。不过幸好有安全帽的保护，师傅只是头有些疼，没有影响生命安全。自此之后，徒弟一直心有余悸，养成了遵守安全规范的好习惯。

这说明良好的劳动习惯可以避免事故的发生，因此我们必须要从细节入手，严格遵守规章制度，依据安全生产条例逐一排查隐患，清楚各项设备正确的使用方式，在劳动的初始阶段就树立安全意识、养成良好的习惯，否则再完美的劳动过程也会付之一炬。

不同的行业、工种在不同的操作现场有不同的安全要求，企业只有根据自身情况制定并执行安全标准，才能保证劳动者的安全和企业的经营效益。

劳动安全的措施 危险程度不同的工作会有不同的专项治理方法，这里主要介绍普遍的劳动安全保护措施。

第一，加强管理。劳动安全不仅是劳动者自身的责任，更是劳动组织的职责，强化监督和检查的力度、落实安全生产责任制是有效减少生产事故的重要方法。而落实的途径，则是依靠网格化的安全管理模式，责任划分需要横向到边、纵向到底，落实到岗、具体到人，并建立行之有效的考核机制。

第二，强化培训。劳动组织和劳动监督机构要加强安全教育，强调岗位操作规范，增强职工的安全意识，使其完成从"要我安全"到"我要安全"的思想转换，将安全工作前移，提高员工的安全意识。推行安全工作人人管、人人抓，认真组织开展"反三违"①、评比安全生产标兵等形式多样的主题活动，提高全体员工的安全生产意识。

第三，正确处理突发事件。对于劳动过程中可能产生的突发事件，事先要有处理预案。一个企业的应急处理能力充分体现了企业的成熟度。不同行业的突发事件，根据实际情况有不同的应对方式，这里既包括人的组织预案，也包括技术的处理方式。如果事件能够得到正确、及时地处理，不仅能够保障劳动者的安全，更能够使劳动者和企业的损失降至最低，确保社会的稳定。

1.4.2　劳动法规

一、劳动法的含义

劳动法的含义及调整对象

劳动法是指调整劳动关系以及与劳动关系有密切联系的其他社会关系的法律，其核心是《中华人民共和国劳动法》。

《中华人民共和国劳动法》（以下简称《劳动法》）是劳动法领域的基本法。该法于 1995 年 1 月 1 日起实施，在 2009 年和 2018 年各有一次修正，对我国劳动关系的调整等内容进行了规定，是一部综合性的劳动法律规范。但我们所说的劳动法规有更广泛的内涵，并非仅指《劳动法》，而是由保护劳动者权益、规范劳动关系的一系列法规组成。

劳动法规从内容上主要包括劳动者的主要权利和义务、劳动就业方针政

---

① "三违"是指生产作业中违章指挥、违规作业、违反劳动纪律这三种现象。

策及录用职工的规定、劳动合同的订立、集体劳动关系、劳动基准、劳动报酬、劳动监察、劳动争议的处理等方面。除《劳动法》这一基本法之外，国家还针对上述不同内容颁布了不同层级的规章和条例①，与劳动有关的且较为重要的法律法规具体见表1-4-1。

表1-4-1　与劳动有关的主要的法律法规

内容	法律	行政法规	部门规章
促进就业	《中华人民共和国就业促进法》		
劳动合同	《中华人民共和国劳动合同法》	《中华人民共和国劳动合同法实施条例》	《劳务派遣暂行规定》
集体劳动关系	《中华人民共和国工会法》		《集体合同规定》
劳动基准		《职工带薪年休假条例》《女职工劳动保护特别规定》《未成年工特殊保护规定》	《工资支付暂行规定》《最低工资规定》
劳动监察		《劳动保障监察条例》	
劳动争议处理	《中华人民共和国劳动争议调解仲裁法》		

① 按照从高到低的效力层级，可以将法律规范分为宪法、法律、行政法规、地方性法规以及规章。其中法律是指由全国人民代表大会及其常委会通过的基本法或专门法，其效力仅次于宪法。行政法规是指由国务院依据宪法和法律制定的法律规范，内容不得与上位的宪法和法律相冲突。地方性法规是指省级地方人民代表大会及其常委会或者《中华人民共和国立法法》规定的市级地方人民代表大会及其常委会制定的法律规范。规章包括部门规章和地方性规章。部门规章是指由国务院有关部委制定的法律规范；地方性规章是指省级人民政府或者《中华人民共和国立法法》规定的市级人民政府制定的规范。

从立法目的来看，劳动法规要调整劳动关系、保护劳动者合法权益，以对劳动者特别保护或倾斜性保护为原则，贯穿立法和执法的始终。总而言之，劳动法规是劳动者保护自身合法权益的重要法律武器。

二、劳动法的调整对象

劳动法的主要调整对象是劳动关系，即劳动者与用人单位依法签订劳动合同而在劳动者与用人单位之间产生的法律关系。判断哪些情况属于劳动关系在司法实践中是十分重要的问题，属于劳动关系就可以依据劳动法解决，劳动者就能够获得劳动法的倾斜性保护。

案例解析　　　　　　　　　　　　　　**保姆王某能获得补偿金吗？**

老张需要一个保姆，于是通过熟人找到王某并雇佣其料理家务、照顾老人。王某在老张家干了三年，但老张突然决定不再雇佣王某了，那么王某能否找老张索要工资以外的解雇补偿金呢？

首先需要判断老张与王某的雇佣关系是不是劳动关系。如果是，那么老张就应按照劳动法的规定对王某进行离职补偿；如果不是，王某就无权索要补偿金。在此案例中，王某与老张的关系不是劳动关系，因为老张只是个人雇主，不具有用人单位的主体资格，劳动法不适用于他与保姆之间的关系，因此王某不能向老张索要工资以外的解雇补偿金。如果家政公司先与保姆签订劳动合同，再将其派到客户家中工作，那么家政公司是合格的用人单位，可以与签约保姆形成劳动关系。

农民在自家的承包地上劳动，或者从事家务劳动是否适用劳动法呢？答案是否定的，因为劳动关系产生于社会化生产的过程中。乡镇企业与其职工、进城务工人员与用人单位之间是能够形成劳动关系的。

我们在判断一个雇佣关系是不是劳动关系的时候，一般要看这一关系是否具有财产与人身的双重从属性。比如，小区保安、外卖骑手、网约车司机等岗位与物业公司或平台之间形成的关系是不是劳动关系并不明确，这需要从工资支付、保险缴纳、考勤管理等各个方面来判断双方是否具有经济和人身的双重从属性，只有具有双重从属性的关系，才能形成劳动关系。

判断劳动者与用人单位之间形成的是不是劳动关系意义重大。如果双方仅有雇佣关系，但不符合劳动关系的其他特征，那么形成的一般是劳务关系，劳务关系适用民法的有关规定。只有劳动关系才适用劳动法，更有利于保护劳动者权益。

了解劳动法对未来职业发展具有重要意义。劳动者应注意与用人单位之间形成的关系，认真学习劳动法的相关知识，只有保护好自己的合法权益，才能全身心地投入国家建设中。

三、劳动者权利

劳动者权利

我们常讲劳动者权益保护，这里的劳动者权益与劳动者权利内涵相近，但权益的范围更大一些，一般可以解释为权利和利益。权益不仅保护权利，还保护受损的利益。从语境上来看，劳动者权利一般从行使权利的角度来说，劳动者权益一般从维权的角度来说。劳动者权利是劳动者权益保护的核心内容，要想维护好自身的权益，首先要了解法律规定了劳动者享有哪些权利。

根据《劳动法》的规定，劳动者享有以下权利。

平等就业和选择职业的权利　平等就业权要求用人单位在招工中不能歧视和排斥求职者。

案例解析   就业性别歧视：平等就业的障碍

2012 年，曹某在求职网站上发现《××学校行政助理招聘启事》中有"仅限男性"的条件，认为该公司存在性别歧视，便以"平等就业权被侵害"为由向法院起诉。

这是我国自《就业促进法》生效后的第一起就业性别歧视案，引起了广泛关注，中国女性就业歧视问题也随着此案进入公众的视野。最终在法院的组织下，双方自愿达成和解，该公司支付曹某三万元人民币，作为关爱女性平等就业专项资金。除平等就业权外，劳动者还享有选择职业权。比如，劳动者提出辞职，无须说明理由，提前三十天通知用人单位即可离职，用人单位不能设置批准条件，一般情况下也不能索要离职违约金。

劳动报酬权、休息休假权、获得劳动安全卫生保护权、接受职业技能培训权 这些是劳动者在工作中享有的基本权利（图 1-4-3）。基于这些权利，用人单位应当及时足额支付劳动报酬，否则劳动者可以辞职并获得补偿；劳动者可以拒绝用人单位安排的长时间加班，在法定时长内加班的，可以获得加班费；用人单位应当提供良好的工作条件，保障劳动者的安全卫生；用人单位应当安排劳动者参加入职培训、岗位培训等提升职业技能的各项培训。

图 1-4-3
劳动者权利受
法律保护

享受社会保险和福利的权利 用人单位有为劳动者缴纳社会保险和提供福利的义务。从保护劳动者权利的角度而言，社会保险的强制性特征至关重要。

案例解析　　　　社会保险可以随意缴纳吗？

　　小赵在一家公司工作，公司人事部门与小赵协商，每月多给小赵500元，就不给小赵缴纳社会保险了。小赵心想，不上保险不仅不用扣钱，还有500元的额外收入，何乐而不为？于是小赵欣然接受公司的提议，并给公司写下承诺书，承诺自愿不上社保，与公司无关，后果自负。请问，有了小赵的承诺书，公司就可以不给他上社保了吗？公司的行为是否违法？小赵的承诺书是否有效？

　　社会保险具有强制性，凡建立劳动关系的用人单位和劳动者都必须依法缴纳社会保险，当事人不能任意退出保险，保险的险种和保险费的缴纳也必须按法律规定执行，不能与当事人自由协商。尽管缴纳保险会减少劳动者的所得，但基于社会整体利益，需要采取强制性的手段，以维持劳动保险制度的正常运作。因此，在上述案例中，公司与小赵的协商是无效的，公司应当依法为小赵缴纳社会保险。

　　我国社会保险由养老保险、医疗保险、工伤保险、失业保险和生育保险构成（图1-4-4）。参加上述"五险"，需要用人单位缴纳保费。从保险基金的筹集来看，部分社保还需要职工个人缴纳保费。具体而言，养老保险，职工缴费为本人工资的8%；医疗保险，个人缴费2%；失业保险，个人缴费1%。工伤保险和生育保险，职工个人不缴费。

提请劳动争议处理的权利

这一权利是劳动者的救济性权利，是劳动者实现其他权利的保障。也就是说，劳动者的其他权利被侵害了，可以依此权利进行维权。

图1-4-4
社会保险的类型

案例解析　　　　　　　　劳动争议处理：保障合法权利

　　小李被无故辞退，用人单位只支付了工资，拒绝支付其他补偿赔偿金。小李认为用人单位的做法不合法，侵害了他的权益，这时小李该怎么办呢？

　　在这种情况下，小李应当提请劳动争议处理。他有以下几个选择：第一，小李可以先与用人单位协商，如果能够和解，争议就此化解；如果不能和解，小李可以请求调解中心进行劳动调解。第二，如果和解和调解都没有成功，或者小李不考虑和解或调解，那么可以直接进入劳动仲裁程序。属于劳动争议的，劳动者一般不能直接向法院起诉，而是应当先向劳动合同履行地或用人单位所在地的劳动争议仲裁委员会提起仲裁申请。第三，劳动者还可以向劳动行政部门在内的相关行政主体检举和控告。

　　此外，劳动者还有法律规定的其他劳动权利。比如，劳动者参加工会的权利，妇女、未成年工、有身体障碍的劳动者享有相应的特殊权利。

　　劳动者了解劳动法赋予的基本权利有至关重要的意义。只有了解自己享有哪些劳动权利，才能知道哪些情况可能侵害了自己的权益，需要拿起法律的武器维权。在劳动争议的处理上，要知道维权的途径，以协商和解为主，在保护好自身合法权益的基础上与用人单位和平解决，以构建和谐的劳动关系。

小结

　　在本专题中，我们学习了与劳动有关的基本常识。学习"劳动史观"帮助我们了解劳动的发展、目的、意义、分类以及劳动与人的关系；学习"劳动者"帮助我们了解劳动者应具备的基本素养；学习"劳动组织"让我们知道当前我国各类劳动组织的分类、性质和作用；学习"劳动安全与法规"帮助我们了解劳动的安全与卫生要求、劳动法规以及劳动者权利保护的相关知识。只有建立了科学的劳动史观，我们才能客观地审视自己是否具备劳动所需的科学知识、精湛技能和精神品质。同时，我们更要树立劳动安全意识、依法守规意识和权利保护意识，在进入职场之前，做好知识、能力、态度、法律等方面的储备，这样才能信心满满、胸有成竹、游刃有余地面对职场，顺利开启我们的职业生涯。

思考题

1. 暑假期间，老师推荐你到一个汽车企业的销售岗进行实习。请根据你所学的知识判断，这属于生产劳动还是服务性劳动？

2. 当你的合法劳动权益受到侵害时，你应该向哪个部门反映问题？提出哪些诉求？如何联系这些部门？

3. "五险一金"中的"五险"指的是哪五种保险？你在哪些情况下可以领取到相应的保险金？商业保险的赔付是否可以抵扣劳动保险金？

阅读研讨

蔡凤辉：祖国"心脏"的环卫"美容师"

蔡凤辉是北京环卫集团天安门项目人工保洁班的班长，她和100多名环卫工人在祖国的心脏地带每天维护着约28万平方米的整洁。由于工作突出，蔡凤辉荣获全国五一劳动奖章、全国巾帼建功标兵和北京市"三八"红旗奖章等荣誉。

2006年，蔡凤辉在北京的医院做保洁，国庆期间她被派到天安门广场协助工作。那次，蔡凤辉带了48个人，24个人一班，大家轮班工作。但蔡凤辉坚持一直守在现场，整整七天七夜，她凭借过硬的身体素质和顽强的精神把外援任务做得妥妥帖帖。从那时候开始，蔡凤辉就和天安门结下了不解之缘。2012年，蔡凤辉正式成为北京环卫集团的员工，还当上了天安门项目部人工保洁班的班长。

天安门广场平均每天接待游客几十万人次，黄金周更是每天达百万人次，但是却始终保持着整洁干净。蔡凤辉说："广场保洁就是要人走地净。"为此，她们加大了巡回保洁作业的频次，坚持两个标准，即垃圾落地时间不超过10分钟，路面尘土残存量每平方米不超过5克，确保天安门广场的干净整洁，让游人可以席地而坐。

同时，蔡凤辉提出"以队列形式清扫地面"的方法，这种方法一改过去环卫工人三三两两散布在偌大广场上做清洁的情景。经过一段时间的实践与磨合，团队不仅高效率、高质量地完成了清洁工作，而且树立了北京环卫工作者的优良形象。

此外，蔡凤辉还积极创新，改革作业工艺，将电动捡拾三轮车引进广场保洁工作，员工作业效率提升80%；通过发明"口香糖刷"，在不伤害大理石地面的前提下，清除了天安门广场上多年的顽疾，使地面焕然一新。

2018年，因为工作出色，蔡凤辉被保送到中国劳动关系学院劳模本科班学习文化知识。同年4月，蔡凤辉和同学们一起给习近平总书记写了一封信，信中表达了他们要当好主人翁、建功新时代的决心。经过重大任务的历练，蔡凤辉已经从一名普通的环卫工人成长为业务骨干。她越来越体会到，劳动是财富的源泉，也是幸福的源泉。劳动没有高低贵贱之分，任何一份职业都很光荣。

1. 蔡凤辉身上体现了哪些优秀的劳动品质?

2. 有人认为"即使是当一名普通的保洁员,只要爱岗敬业、尽忠职守,保持环境干净整洁,也能取得事业上的成功",你对此如何理解?

3. 结合文中提到的"劳动是财富的源泉,也是幸福的源泉"的观点,谈一谈我们作为当代大学生应该如何追求自己的幸福。

文献索引

[1] 中共中央马克思恩格斯列宁斯大林著作编译局. 马克思恩格斯文集:第5卷[M]. 北京:人民出版社,2009:207—208.

[2][6] 中共中央马克思恩格斯列宁斯大林著作编译局. 马克思恩格斯文集:第9卷[M]. 北京:人民出版社,2009:550.

[3] 斯塔夫里阿诺斯. 全球通史[M]. 北京:北京大学出版社,2004:8.

[4][5] 中共中央马克思恩格斯列宁斯大林著作编译局. 马克思恩格斯文集:第5卷[M]. 北京:人民出版社,2009:487.

[7] 霍耐特. 为承认而斗争[M]. 胡继华,译. 上海:上海人民出版社,2005:152.

[8] 坚持中国特色社会主义教育发展道路 培养德智体美劳全面发展的社会主义建设者和接班人. 人民日报,2018-09-11(01).

[9] 习近平看望南京青奥会中国体育代表团. 人民日报,2014-08-16(01).

课后实践训练：签订劳动合同

- **活动目标**

  通过此项训练，检验对劳动组织、劳动安全与法规等内容的掌握情况，考查对劳动关系的理解，学会保护自己的合法权利。

- **活动道具**

  劳动合同模板、白纸、签字笔等。

- **活动过程**

  将班上同学分为 A、B 两组，A 组代表用人单位，B 组代表应聘者。A 组同学拟定一份有瑕疵的劳动合同，并与 B 组同学洽谈签订事宜。B 组同学需要准确指出合同中有问题的条款，提出合理的主张和诉求。最终双方进行协商，达成一致后签订劳动合同。

- **活动体会**

  请对签订劳动合同的过程进行反思，填写并提交"实践训练卡 1"。

活动名称			
活动目标			
小组名称		参与人	
活动道具			
活动过程			
活动体会			

实践训练卡

专题二
劳动精神

　　人类一直是利用工具、制造工具的圣手。从石矛骨针到网络通信，人类凭借种类繁多的劳动工具创造出丰富的物质文明与灿烂的精神文明。即便是在科技高度发达的今天，机器也无法完全取代人的劳动。这是因为人类不仅有经验和技术，还具有情感和思想。他们懂得劳动、热爱劳动、善于劳动，他们不畏辛苦、克服困难，为实现个人幸福与社会发展而不懈奋斗。

　　劳动者高尚的精神品质被称为劳动精神。劳动精神是勤劳勇敢的劳动品格，是爱岗敬业的劳动态度，是诚实守信的劳动意识，也是崇尚劳动、热爱劳动的深厚情感。以劳动精神为指引的劳动者会更主动、更智慧、更有建设性地完成劳动活动，也会在实现个人理想和社会价值的道路上走得更远。

关键词

崇尚劳动　　　　　　　　热爱劳动

辛勤劳动　　　　　　　　诚实劳动

学习目标

1. 掌握劳动精神的内涵及其主要特质
2. 理解劳动精神对成为合格劳动者的重要意义
3. 了解培养劳动精神的方法与途径

重点与难点

1. 劳动精神的现实意义（重点）
2. 劳动精神的培养与践行（难点）

课前热身活动：劳动故事接龙

- ## 活动内容

　　请一位同学讲一个自己感触最深的劳动故事，下一位同学从前面这位同学的故事中选取相关话题，讲述自己的故事，以此类推。

- ## 活动过程

　　6人为一组进行劳动故事接龙活动，每人限时2分钟，后一个故事的主题应与前一个故事的内容相关联。各组讲述完毕后，推选出本组最有感染力的故事并在全班分享，请其他组的同学按照故事的精彩程度"点赞"，并收集故事中出现最多的关键词。在接龙活动全部完成后，老师汇总分析学生最关注的关键词，导入本专题的学习。

- ## 活动思考

　　1. 你为什么要讲这个故事？

　　2. 哪个故事让你印象最深，对你的启发是什么？

　　3. 你如何理解"幸福感"和"成就感"？

2.1   崇尚劳动

崇尚劳动

2.1.1   崇尚劳动的内涵

崇尚劳动是指尊重劳动、推崇劳动的情感，反映出人们对劳动的肯定态度，体现了人们的劳动观。2020 年 11 月 24 日，习近平总书记在全国劳动模范和先进工作者表彰大会上发表重要讲话，他指出："光荣属于劳动者，幸福属于劳动者。"强调"全社会要崇尚劳动、见贤思齐，弘扬劳动最光荣、劳动最崇高、劳动最伟大、劳动最美丽的社会风尚"[1]。

一、崇尚劳动的个人道德观

崇尚劳动的精神源自人们对劳动行为的道德判断，要教育引导青少年形成"以辛勤劳动为荣，以好逸恶劳为耻"的道德风尚，首先要从树立劳动者的个人道德观开始（图 2-1-1）。正确的劳动观体现了"我热爱劳动、崇尚劳动，我要创造一流的劳动成果"的道德认同。一个人只有树立了正确的劳动观，才会使每次劳动成为道德自觉的活动，在道德的驱使下，实现从"要我劳动"到"我要劳动"和"我爱劳动"的蜕变。对他人和社会的道德情感质量，在很大程度上影响着行动主体作用于外界的方式，而这种劳动

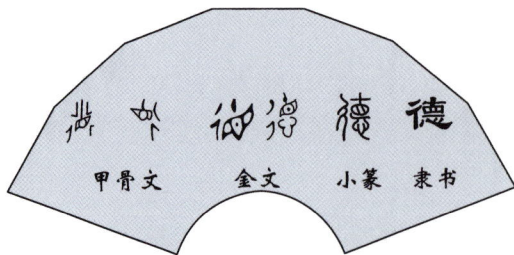

图 2-1-1
汉字"德"的
演变

观和自觉性要从生活中的小事开始培养。劳动教育具有树德作用，只有在劳动的过程中学会表达对家人、同学、老师、邻居的积极情感，让关涉劳动的道德观稳定而持久地发展，才有助于树立崇尚劳动的精神、提高劳动教育的质量。

二、崇尚劳动的社会价值观

崇尚劳动是社会价值观倡导的内容之一。当人们说劳动者最光荣的时候，是指劳动者的劳动符合社会所提倡的价值观念，劳动者也因此得到了社会的认同。人具有社会性，经常会用社会的价值观念来审视自我，看自己哪些事情做对了、哪些事情做错了，个人的价值观也会受到社会价值观的影响。社会价值观反映了一个社会的文明程度，对社会道德风尚形成具有积极的导向作用。究竟什么是社会价值观呢？一个社会的价值观念既是对各种客观存在的经济、社会政治结构和发展状况的反映，也是对人们理想中的个人发展目标和社会关系的期盼。具体到我国，党的十八大提出将"富强、民主、文明、和谐，自由、平等、公正、法治，爱国、敬业、诚信、友善"作为社会主义核心价值观的基本内容[2]，其中敬业、诚信等品质都与劳动紧密相关，热爱劳动、崇尚劳动也是中华民族自古以来的传统美德。

综上所述，培育崇尚劳动的精神需要建立两个正确的观念：一个是个人道德观，另一个是社会价值观。个人道德观是个体对待劳动的道德自觉性，而社会价值观则是社会对劳动的价值认同。人的道德培养要从儿时开始，通过家庭、学校和社会的指导、教育、实践逐步形成，由此才能形成能劳动、会劳动、爱劳动的观念。随着人的社会化进程加快、参加的劳动活动逐渐增多，对劳动的社会价值的理解也会逐步加深。当热爱劳动、尊重劳动、崇尚劳动成为社会风尚的时候，一个人劳动与否就会呈现出截然不同的社会评价，而个人对待劳动的态度也会受到社会的影响。

2.1.2　培育崇尚劳动的荣誉感

中华民族历经数千年的历史发展，在不断创造物质文明的过程中，也传承了尊重劳动、热爱劳动、崇尚劳动的精神文明，崇尚劳动成为中国人代代相传的传统美德。在当今社会，培育学生崇尚劳动的荣誉感，应当以激发劳动的道德情感和增强劳动的价值认同为基础。

一、坚守崇尚劳动的道德信仰

形成正确的劳动道德观　把劳动精神作为道德信仰，首先要培养正确的劳动道德观。从生活起居、生产劳动、社会服务入手，坚持做到"五要"：一要"自觉自愿"，主动承担劳动任务，面对劳动中出现的困难不气馁、不计较。二要"淡泊名利"，不在劳动中刻意追求个人荣誉和物质利益，把劳动作为修炼个人品德的活动。三要"排除干扰"，只要是自己认定的工作，无论面对何种讽刺、挖苦、嘲笑，都能泰然处之、不为所动。四要"事后慎思"，在劳动后要认真反思，寻找自身存在的问题，不断调整自我。五要"见贤思齐"，对照身边的模范劳动者不断提升自己的道德格局。

培育崇高的劳动荣誉感　要坚持把劳动实践作为体验和激发劳动荣誉感的重要途径。积极参与学校组织的社会公益服务和生产劳动实践，在劳动过程中收获成果，体会为他人和社会服务所获得的成就感和幸福感，只有这样才能真正感受到劳动荣誉感。在培育劳动荣誉感的过程中，坚持做到"五要"：一要"在劳动中体验"，劳动荣誉感是劳动过程中获得的情感，没有劳动实践，就无法获得情感体验。二要"注重劳动价值"，要选择艰苦的劳动任务，付出的越多，成就感也就越高。三要"不计物质回报"，要把无偿服务作为劳动体验的重要内容之一，在服务社会、奉献国家的过程中享受劳动荣誉感。四要"善于沟通交流"，劳动不是低头蛮干，更重要的是要学会与人交流、合作，在劳动中提升社会交往能力、结识志同道合的朋友也是增强劳动荣誉感的重要方式。五要"激发劳动动力"，劳动实践是获得劳动荣誉感的前提，劳动荣誉感是激发劳动实践的动力，享受劳动带来的荣誉感可以为积极投入下一次劳动实践奠定情感基础。

二、增强崇尚劳动的价值认同

培养正确的劳动观　劳动创造价值，热爱劳动即是对社会价值取向的认同。我国是历史悠久的文明古国，许多名胜古迹都彰显着人类的智慧。万里长城、京杭大运河、都江堰等都是我国古代人民勤劳、智慧的结晶。今天，我们更要重视劳动价值观的培养。比如，和家人一起做家务劳动、在路上帮扶有困难的老人、扶起倒在路边的共享单车、在实习实训结束时整理工具等。从小事做起，养成良好的劳动习惯和劳动意识，始终把实现社会价值作为劳动的目标，确立服务他人、奉献社会的价值追求。

形成高尚的家国情怀　家国情怀是中国人对国家的认同感和使命感，也是促使国家和民族朝着积极、正面的方向发展的一种思想和理念。在中国人的精神谱系里，国家与家庭、社会与个人是密不可分的整体。国家好、民族好，个人才有发展的空间。尤其是职业院校的学生，其个人前途与我国成为制造强国的目标同频共振，大家可以通过自己的劳动实现个人价值，并将其寄托在对国家和人民的大爱中，以伟岸人格承接伟大担当，以家国情怀托举复兴使命，在劳动中实现个人追求与家国情怀的统一。

我们要充分运用自己的专业知识与技能创造出高质量的产品，以劳动托起中国梦。练就过硬本领，为振兴家园贡献出青春与力量。在与新冠肺炎疫情作斗争的过程中，那些置生死于度外、舍亲情以助病患的医护工作者、人民警察、社区工作人员、快递小哥等各行各业的劳动者在战疫和复工的路上不畏艰难、勇于担当，以勤劳、坚韧谱写了可歌可泣的时代篇章，这就是家国情怀的真实体现（图2-1-2）。

图 2-1-2
向劳动者致敬

此外，我们要有在中国共产党的领导下，坚定不移地为社会主义事业奋斗终身的觉悟，要常怀爱民之心、常思兴国之道、常念复兴之志，培养热爱祖国、热爱人民的情感，在国家有需要、人民有需求时挺身而出。

案例解析　　　　　　　　　　徐辉：真情服务永无止境

　　21年来，无论是冰冻严寒还是炎炎烈日，无论是工作日还是节假日，只要一个电话，他就立即前往用户家中解决难题。他就是全国劳动模范、全国道德模范、合肥燃气集团蜀山区服务所所长徐辉。

　　为尽快解决居民的生活问题，他准备了三个工具包，分别放在所里、站里和家里，无论何时接到任务，他都能立刻拿起工具，第一时间上门服务，为用户解决难题。为给困难用户提供方便，徐辉要求班组内每个工作人员都联系10位孤老用户，定期上门检修，指导他们安全使用燃气，同时帮助老人做一些力所能及的事。如今这项特色服务活动已整整坚持了18年，共上门服务15 500人次，赢得了广泛赞誉。

　　此外，徐辉还组织"假日小分队"，利用双休日、节假日深入居民区、学校、干休所、单位宿舍大院开展义务服务活动，将方便和安全送到用户的家门口。十多年来，徐辉和小分队人员共开展活动1 074次，出动7 047人次，服务用户83 407户，深受用户的好评。

在上述案例中，徐辉也是一个普通人，他也有生活琐事，也有儿女情长，但他却始终对自己的岗位保持着热爱，用技术和真情架起为用户服务的桥梁。他不仅协助燃气走进千万家，更注重排查安全隐患，保障安全是他对生命的敬畏，也是对职业道德的坚守。他舍小家、为大家，为孤老用户提供义务便民服务，充分体现了他的社会责任感和真诚为民的价值观。他用细心的服务和辛勤的劳动展现了无私奉献的精神，也用实际行动践行着自己承诺："群众利益无小事，用户的事就是我最大的事。"

2.2   热爱劳动

2.2.1 热爱劳动的内涵

热爱劳动

热爱劳动是人们对待劳动的积极的、热烈的情感，它源于对劳动过程的真实体验。当劳动者在劳动中产生愉悦的感觉时，就会对劳动产生积极的情感；有了热爱劳动的情感，劳动者才会更自觉、主动地参与劳动。

一、热爱劳动的成就感

劳动成就感是指人在完成劳动任务后，对自己的劳动结果感到满足或成功的感觉。当人们自问"我为什么热爱劳动"时，劳动所带来的物质收获和精神满足一定是答案之一，因为劳动满足了人的成就感。劳动成就感既体现了对上一次劳动成果的满意度，也是激发劳动者参加下一次劳动的动力。

劳动在人的成长中具有重要的地位，从儿童时期的日常生活劳动，到青少年时期的社会服务劳动，再到成年时期的生产劳动，人们不但收获了有形的物质回报，还获得了心理满足。因此，劳动成就感反映了一个人从不得不劳动到享受劳动再到热爱劳动的情感发展过程。

二、热爱劳动的幸福感

劳动幸福感是人对劳动过程和劳动成果所产生的欣喜与愉悦的情绪，劳动者感受到劳动所带来的幸福感后会更加热爱劳动。职业院校学生在参与日常生活管理、校园环境创设、志愿者服务以及顶岗实习的实践后，会从老师和同学们赞许的眼神中、从帮扶对象感激的话语中、从实习领班满意的表情中感受到劳动的愉悦。在劳动中奉献出"利他"的辛苦，得到"悦己"的幸福，这就是劳动带来的精神满足。同劳动成就感一样，劳动幸福感也是激发人们积极主动地参加劳动的另一个动因。此外，劳动幸福感与劳动者的价值期待有密切关系，当人们对自身的劳动价值评价越高时，他们在劳动之后产生的幸福感就越强烈。

综上所述，树立热爱劳动的精神需要培养两种情感：一是成就感，二是幸福感。情感一旦形成就会比较稳定地驱动一个人的行为，培养劳动情感要注重完成从获得成就感到提升幸福感的情感递进，这也是不断完善人格的过程。有些人参与劳动的初衷是基于兴趣，兴趣不属于稳定的情感，会随着年龄的增长和接触的事物的变化而不断改变，但是，如果能够从劳动兴趣出发进而培养劳动感情则是树立劳动精神的有效途径。

2.2.2　培养热爱劳动的情感

培养热爱劳动的情感

一、体会劳动带来的成就感

积累劳动成就　对劳动成就感的培养，首先要从对劳动成就的积累开始，从管理个人生活，参与家庭劳动、学校劳动、生产劳动和服务性劳动开始。坚持认真做好每件事，在劳动结束后，仔细回想此次的收获有什么，是什么给自己带来了愉悦的感觉。一个人是否具有劳动成就感不取决于他的劳动强度，而是在于他对自身劳动的价值判断和情绪感受。一份对"90后"大学生劳动情感体验的调查研究表明，有 79.4% 的大学生对"必须通过劳动才能获得幸福"的观点持赞同态度[3]，这说明广大学生对劳动的情感是积极向上的。培养劳动情感是一个长期积累的过程，经历的时间越久、积累的经验越多，情感就会越深厚。当学生从学校走上工作岗位时，由劳动成就感所形成的热爱劳动的精神就会成为他们最重要的职业素养，使他们在工作岗位上迅速成长。

　　正确看待劳动中遇到的挫折　　成就感与挫折感是一对矛盾的情感，在培养成就感的同时，还要正确地看待遇到的挫折。大家在个人、家庭、社会中总会遇到挫折，会纠结自己为什么总是做不好某些事情，进而引发消极情绪，这就是挫折感。一般来说，挫折情景越严重，挫折反应就越强烈，但我们不能因此一蹶不振，而是要学会正确地处理消极情感。首先，遇到挫折后不必抱怨，因为挫折是我们难以避免的人生经历，我们可以选择各种合理的方式进行发泄，而不是一直处于抑郁、愤懑的状态。其次，要找到失败的原因，明确是因为做事的方式有问题，还是目标定位有问题。先找准问题，然后解决问题，这样才能降低日后失败的概率。最后，要用积极、乐观、坦然的心态去拼搏，把困难当作是磨砺自我的机会，当困难解决时，成就感就增强了。比如，空乘人员在职业生涯中，经常会遇到乘客由于值机、安检时遇到不快而迁怒于人的情况，但她们无法逃避，必须学会运用耐心和智慧巧妙地化解矛盾，直至乘客情绪稳定，事情得到圆满解决。

二、培育劳动带来的幸福感

　　战胜困难带来的幸福感　　战胜劳动中的困难是培养劳动幸福感的重要途径，因为劳动幸福感往往是来自战胜困难后的欣喜与愉悦。在面对困难时，劳动者付出的艰辛越多，对幸福感的体验就会越强。当从未接触过农活的我们亲手养大了第一棵树、当第一次参加生产的我们制造出一件合格的产品时，幸福感会油然而生。

我们要清醒地认识到，当困难出现时，首先要有战胜困难的决心，这是劳动者的态度；其次要有战胜困难的办法，这是劳动者的智慧。这两点是战胜困难不可或缺的因素，我们要把战胜困难作为培养劳动幸福感的途径，着眼于身边的每件小事，逐步树立克服困难的决心、学会解决困难的办法，以此培养自己的劳动幸福感。

服务社会带来的幸福感　服务社会带来的幸福感是通过劳动为社会创造价值后产生的情感体验，这是一种典型的在"利他"过程中获得的"悦己"情感（图2-2-1）。在我国打赢脱贫攻坚战的号召下，许多青年学子在毕业后积极奔赴贫困地区，他们放弃了城市中优越的工作环境，放弃了舒适便捷的生活条件，在偏僻穷困的山村一待就是几年、十几年。为了保障贫困群众的基本生活需求，他们靠自己的努力解决了群众的行路难、饮水难、用电难、通信难、教育难、就医难等问题，促进了社会的和谐发展，加快了国家的繁荣富强。而面对这些劳动成果时，他们每个人都洋溢着幸福的笑脸。

图2-2-1
服务人民，
服务社会

案例解析　　　　　　邹彬：砌墙状元的成长之路

　　出生在农村的邹彬是由爷爷奶奶带大的，他从16岁开始就到省城里找工作，由于没有手艺、也没有经验，用工单位不愿意雇用他，他就常常蹲在旁边看着泥瓦工们砌墙，有时帮他们搬砖、和泥浆，偶尔也拿着工具砌着玩，砌着砌着他就逐渐从一名"砌工"发展成为一名"砌匠"。

　　在工地上砌墙，砌得越多，工钱就越多。但邹彬只要觉得砌得不完美，就推倒了重砌，他这样的劳动方式经常被工友们笑话。可邹彬却始终坚持着自己的信念："一定要坚持自己的标准，只要坚持就一定有收获。"

2015 年，邹彬凭借出色的砌墙技艺成功进入第 43 届世界技能大赛（中国）砌筑项目的集训队伍，开始了魔鬼式的训练，每天从早上六点到晚上九点，从理论知识学习到技能操作"连轴转"。邹彬深知理论知识的不足会直接影响作品的呈现，因此他下定决心："只要能为国出征，吃再多苦我也不怕！" 8 个月后，邹彬终于掌握了精确的图形计算能力，并在世界技能大赛上一路过关斩将，拿到"砌筑项目优胜奖"，实现了中国在这一奖项上零的突破。

在此案例中，邹彬的文化程度并不高，也缺少系统的专业学习经历。但他能够成为一名优秀的劳动者代表，是因为他身上具有四个重要的特点：第一，他对职业投入极大的兴趣和热情，能做到始终坚守、不改初心。第二，他对作品绝不将就，砌得不好就推倒重来，有着较高的质量意识和精益求精的精神。第三，他不怕吃苦，坚持学习，不断挑战自我。第四，他能够切实领会到"劳动没有高低贵贱之分，三百六十行，行行出状元"的道理。正如他所说："我想告诉广大产业工人和青年朋友们，干一行，爱一行，一定能够在新时代走出自己的一片天地。"

2.3 辛勤劳动

2.3.1 辛勤劳动的内涵

辛勤劳动

　　辛勤劳动是劳动者在劳动中表现出的不畏艰苦、勤奋劳作的勇气、决心和行为。辛勤劳动的人必须具备不怕吃苦、克服困难的劳动信念，只有端正劳动态度，劳动者才能勇担大任、无怨无悔。

一、不怕吃苦的劳动态度

　　不怕吃苦指劳动者在面对困难时所表现出来的勇气。劳动者每天都会面对各种各样的难事，没有人生来就喜欢吃苦，遇到困难有退缩心理是人的本能反应。不怕吃苦的劳动态度是辛勤劳动的具体体现，需要经历长期的劳动实践才能形成。为什么有很多劳动者都能从容地应对苦差事、难事呢？根本原因就是他们具有勇于面对困难的态度。当工作量繁重、工作条件恶劣时，他们首先想到的是：如果大家都想绕着困难走，那么困难就永远解决不了。只有劳动者具备勇于担当的精神和舍我其谁的勇气，在关键时刻能够做到牺牲个人利益服从大局，才有可能实现目标。

二、克服困难的劳动信念

　　克服困难是指劳动者在面对困难时表现出的信念与智慧。在面对困难时，首先要做到不蛮干、不盲干，因为这样只会适得其反。应该先静下心来，寻找克服困难的途径和办法，明确困难产生的原因，只要解决了主要问题，困难就会迎刃而解。所以克服困难不仅要有面对困难的勇气，更要有解决困难的智慧。所谓"办法总比困难多"说的就是这个道理。在劳动实践中，我们要有迎难而上、化解难题的勇气与能力，逐渐积累克服困难的经验，同时还要不断精进创新思维，增强研究和解决问题的能力。

综上所述，培育辛勤劳动的精神需要注意以下两点：一是要有不怕吃苦的态度，二是有克服困难的智慧。这在我国制造业升级换代的历史进程中得到了充分的体现。拥有克服困难的智慧和能力，可以使过去看起来很难的问题变得不再难了，这给不怕吃苦的态度的形成奠定了基础。因此，不怕吃苦和克服困难之间具有内在联系，正因为有了克服困难的智慧和成功的经验，不怕吃苦的勇气和信心也就大大增加了。

2.3.2　端正辛勤劳动的态度

端正辛勤劳动的态度

一、要经受艰苦劳动的考验

端正辛勤劳动的态度，必然要经受艰苦劳动的考验，逐渐建立解决问题的决心与信心。职业院校学生要从参加日常生活劳动、生产劳动和服务性劳动做起，由简单到复杂，逐步完成劳动任务，在艰苦的实践中端正劳动态度。

不计较劳动分工　随着社会发展，简单劳动、复杂劳动、体力劳动、脑力劳动等劳动形态越来越多样化。由于不同学生的成长环境不同，有些学生对分配的工作会表现得很计较，抱怨自己的任务难度大、耗费体力多、工作简单重复、体现不出个人价值等。面对这样的情况时，我们首先要学习劳动模范所展现的"干一行、爱一行"和"劳动没有高低贵贱之分"的劳动观念。其次，我们对待劳动分工要有正确的态度。劳动分工是技术进步和生产社会化的产物，它对提高劳动生产率和增进国民财富有巨大作用，所以我们要学会乐于接受劳动分工，让自己专于一行，不要眼高手低，要善于向同伴学习、向高手学习，不断精进技能，培养劳动精神。最后，我们要有热情、有耐心，经受住艰苦劳动

图 2-3-1
建筑工人促进
城镇化建设

的考验，让管理者看到并认同自己的能力，进而获得更多的发展机会。当我们在面对现实情况时，内心往往会纠结、矛盾，但只有把在劳动岗位上的历练看作是个人发展的机会，才能端正劳动态度、精进职业技能。在 2020 年全国劳动模范和先进工作者表彰大会上受表彰的人员中，来自基层一线的比例相当高，其中一线工人和企业技术人员有 847 人，占企业职工和其他劳动者的 71.1%，比原定比例高出 14.1%。这充分说明一个人事业的成功并不取决于你的工作岗位有多高，只要能够摆正心态、踏实工作、专注做事，在平凡的岗位也会有不平凡的成就（图 2-3-1）。

正确看待"苦差事"　职业院校学生刚参加工作时，常会被安排在劳动任务较繁重、劳动强度较大的基层岗位，这些难度更大、环境更艰苦的工作就可以算是所谓的"苦差事"。在面对"苦差事"时，有些人选择抱怨、回避甚至逃避，但有更多的人选择欣然接受，勇于面对。为什么不同的人会

有不同的选择呢？我们又该如何正确地看待"苦差事"呢？"苦差事"固然给人带来了身体和心理上的压力和挑战，但也是锻炼意志、增长才干和成就自我的"孵化器"。人不经受艰苦的磨砺就不会培养出坚强的意志。我们只有在基层进行过一线服务后，才有资格说：我是体验过艰苦劳动的劳动者。

二、有克服困难的主观愿望

克服困难的主观愿望就是个人想要达到"发现问题，解决问题"的目的。新时代的劳动者不仅要学习老一辈劳模克服困难的勇气，还要掌握当代劳模克服困难的科学办法。有了这两个法宝，就初步具备了克服困难和战胜困难的信心与能力。

遇到困难找原因　与普通本科学生不同，职业院校的学生在掌握坚实的理论知识的基础上，更强调要具备运用知识解决问题的能力。在参与实习和实训的过程中，当遇到加工零件出现误差、数据发生异常、服务对象给出差评等情况时，不要惊慌或焦躁，要以冷静的心态耐心分析问题产生的原因，这个过程不仅检验了自己理论知识的掌握情况，更重要的是端正了自己对待问题的态度。遇到困难，要养成理性、科学地分析问题的习惯，在劳动实践中积累经验，逐渐掌握解决困难的本领。只有这样，当我们走上真实的工作岗位后才能做到遇事不慌、冷静分析，拥有正确解决问题的能力。

解决困难找方法　针对困难产生的原因，选择正确的解决方法，这是克服困难的智慧，更是职业能力的重要体现。在选择解决问题的方法时，既要根据以往的经验进行科学的判断，又要对可能产生的结果进行理性的评估。为了纠正仅凭直觉解决困难的蛮干态度，我们要充分运用在学校学到的科学知识，并向有丰富经验的同行或伙伴去请教，和该领域的能工巧匠共同研讨。充分利用已有的经验把握问题的规律，创新解决问题的方法，提高处理问题的效率和质量，在实践中提升自己的技术技能水平（图 2-3-2）。

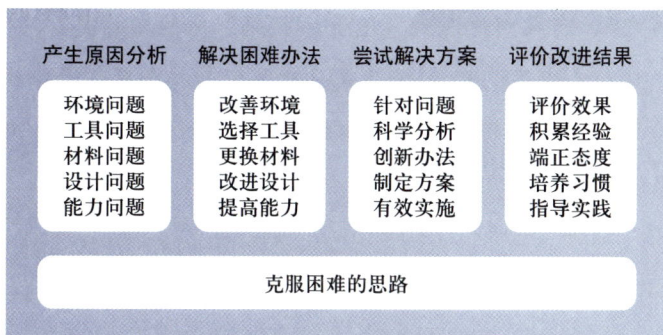

图 2-3-2
克服困难的思路

案例解析　　彭祥华：追寻对面那束光

　　彭祥华是一名爆破能手，2007 年，他参与古城水电站建设，当地的富水千枚岩层爆破效果极差，给隧道施工带来巨大的困难。彭祥华临危受命，到工地第一天就直奔隧道施工现场，为了解决爆破问题，彭祥华对几次爆破过程总结分析，通过翻阅资料、重新计算及现场试验，提出了"周边眼""掘金眼"等优化方案，爆破效果得到了明显的提升，同时有效地降低了炸药单耗、节约了喷射混凝土量、降低了工序时长、提升了施工进度，为古城水电站引水隧洞的顺利贯通提供了有力保障。

　　凭借出色的爆破技术，彭祥华参与川藏铁路拉林段的建设。这段铁路的铺设难度创造了世界之最，该路段地质复杂，生态脆弱，施工要求非常高。但是彭祥华不怕危险，沿着绳索从五六十米高的悬崖上顺势而下，顺利地完成了勘探任务。他说："干了这么多年，遇到再大的难题，我心里只有一个想法，就是一定要看到隧道贯通时的那束光。"

　　彭祥华从事的铁路隧道爆破工作面对的是最艰苦的工作环境和最危险的工作任务，被很多人认为是"苦差事""烂摊子"。但彭祥华却总是能够在艰难困苦时挺身而出，他觉得"爆破工作是有一定风险，但总得有人来做，那就我吧"。有人问他遇到危险会害怕吗？他的回答是："说一点没感觉那不可能，人又不是机器。"究竟是什么给了彭祥华克服困难的勇气？是他对专业技术的认真钻研。他凭借高超的技术一次又一次化险为夷，最终成为一名爆破大师。

2.4 诚实劳动

2.4.1 诚实劳动的内涵

诚实劳动

诚实劳动是指在各种法规、各项政策允许的范围内所从事的各种有益于社会发展的劳动，同时，诚实劳动又是指劳动者以主人翁的姿态对待劳动的一种道德规范，它促使劳动者在劳动中把诚意做事、诚心做人作为心理自觉，把真诚意识和契约精神作为行为的引导。只有诚实劳动，劳动者才会更有道德操守，以"诚"和"信"为准则实现劳动目标。

一、诚心劳动的意识

诚心劳动是指劳动者在没有外部监督和约束的情况下，也能够尽己所能完成任务。如果没有外部的监督和约束，那就必须依靠劳动者的个体意识。个体意识通常体现了劳动者的人格自重与尊严，如果劳动者不能高质量地完成劳动任务就会产生愧疚感，在这种意识的支配下，劳动活动就有了成功的保障。普通人在购买商品时，经常会货比三家，其实比的不仅是产品，更是商家的人品，是个人道德所构建的企业经营理念，这就是诚心劳动在社会生活中的例证。我们要从诚实对待生活中的每件小事做起，培养诚心劳动的自觉性，提升自身的道德尊严感（图2-4-1）。

图2-4-1
踏踏实实做事，
实实在在做人

二、守信劳动的意识

守信劳动是指劳动者在劳动中遵守承诺、讲求信誉。这里的"信"就是"契约"，守信是指个人在社会生活中遵守契约行事。契约中既包含双方签订的合同等法律契约，也包含了个体信守的良心契约。

我们在成长中听过许多关于守信的警句，比如"言行一致""君子一言，驷马难追""言必信，行必果"等，这说明守信是中华传统文化中重要的人格品质，从小就植根于每个人的内心，这也是诚实劳动最有力的文化支撑。

"诚心"和"守信"之间有重要的依存关系，这两者也是社会价值中关联度最高的词语。这就像技术人员为某个家庭安装空调，"诚心"是具有把空调安装并调试好的主观意识，而"守信"是保障安装效果达到双方签订的服务协议的要求。正如习近平总书记所说，人世间的美好梦想，只有通过诚实劳动才能实现；发展中的各种难题，只有通过诚实劳动才能破解；生命里的一切辉煌，只有通过诚实劳动才能铸就。这就把"诚实劳动"的定位从劳动品质提高到了社会价值的高度。

形成诚实劳动的意识

2.4.2　形成诚实劳动的意识

一、做事真心实意

坚持质量意识　劳动产品的品质被称为质量，把保证质量的主观愿望作为贯穿生产过程的内在标准就是质量意识，这与职业院校学生的未来工作密切相关。我们要在学习和实训中时刻注意培养质量意识，学会诚意做事。首先是要做好相关知识、技能、装备、生产标准等方面的准备；其次是要对自己的劳动能力做出初步的判断，评价自己是否能够保质保量地完成任务；最后是在劳动过程中要严格遵守规章制度，熟悉工作流程和劳动标准，按生产要求制作产品。从做好每件小事开始，行为上的习惯就会转化为内心的自觉，形成质量意识。在劳动中，年轻的劳动者由于工作经验少、劳动技能不精而有所失误是难以避免的，但如果我们能够提升劳动能力、遵循劳动标准、坚持质量意识，那么之后发生失误的次数就会越来越少。

杜绝欺骗隐瞒　在劳动实践过程中，有些人将诚实劳动视为"傻干"的代名词，反而把投机取巧、偷奸耍滑当作"有本事"。为了拿到项目，以欺骗隐瞒的方式获取客户的信任，其实是人们憎恶的社会现象之一。清乾隆年间，南昌城有一家点心店生意兴隆。店主因货真价实、童叟无欺赢得良好口碑，但后来忽视品质，怠慢顾客，生意也日渐萧条。有一天，书画名家郑板桥到店里进餐，店主惊喜之余请其题写店名。郑板桥挥毫题定"李沙庚点心店"六字，却独将"心"字少写一点。店主问及缘由，郑板桥说："你以前生意兴隆，是因为'心'有了这一点，而今生意清淡，也是因为'心'少了这一点。"店主惭愧万分，从此洗心革面，诚信待客，再一次赢得了人心、赢得了市场。有人常说："艺如其人。"人们常常会把一件完美的劳动成果当作镜子，来反映劳动者的品德。一个具有良好的劳动精神和职业操守、具有扎实的劳动知识和精进的劳动技能的人，才会创造出精美的劳动成果。所谓"未曾做事，先学做人"，要做到杜绝欺骗隐瞒，首先就要在家庭和学校生活中不断提高自己的道德修养，在学习专业知识和职业技能的同时形成诚实的劳动意识。要敢于承担责任，在劳动中不为失误寻找借口，更不用欺骗隐瞒的手段推卸责任。只有坚持职业操守，才能成长为一名优秀的劳动者。

二、坚持以诚守信

培养言而有信的习惯 小时候家里的长辈经常告诉我们，做人要言而有信，说话靠得住、有信用，答应别人的事情，无论多困难也要做到。坚持以诚守信，要从养成"言而有信"的习惯开始，这里说的"言"就是一种隐形的契约，而"信"则是兑现契约。大学生在学校生活中，做事不在大小，挣钱不在多少，只要做出承诺就不要轻易反悔。这就要求我们要谨言慎行，不能兑现的事情就不要承诺，否则就会失信于他人、失信于社会。养成言而有信的习惯，要学会判断自己兑现承诺的能力，即把"守信"作为行事依据，判断是否可以"立言"。

要特别珍惜青年时期的习惯养成，形成守信的习惯会帮助我们树立良好的社会意识。在平时的生活中，要从人际交往的小事着眼，审视自己承诺过的事情是否全部履约，没有能力履约的事情，绝不能为了面子而逞口舌之快，使自己陷入麻烦。

树立言行一致的作风 言行一致就是要说到做到，"说到"是信用的起点，"做到"是信用的兑现。信用不是说出来的，而是靠实际行动建立起来的。只有用实际行动兑现了自己的承诺，才能得到别人肯定性的评价，才算是做到了讲信用。"言行一致"与"言而有信"有所不同，"言而有信"讲的是如果没有兑现承诺的能力，就不要草率承诺；而"言行一致"则是说，一旦做出了承诺，就应该用行动去兑现。在生活和工作中，答应别人的事，无论付出多少艰辛、经历多少磨难，都应兑现自己的承诺。

案例解析　　　　李江福：做人就要信守诺言

　　李江福是全国道德模范、全国诚实守信模范。2005年，他在施工过程中发现框架填充墙砌体的砂浆标号偏低，立即将施工员喊来询问。施工员解释道："框架填充墙也不是什么承重构件，标号低一点儿没关系，再说现场监理也没有发现这个问题。"李江福听了很生气，他说："监理没有发现我们就可以蒙混过关吗？我们对业主承诺百年大计、质量第一，就要处处严格要求自己，做人要对得起自己的良心。"在李江福的坚持下，已经砌好的五道墙全部拆除返工。由于李江福对质量的严格要求，该工程最终荣获河南省工程质量最高奖。

　　2007年年底，李江福承建一项工程，由于开发商拖欠工程款，100多万元的工资无法发放。有人跟李江福说，跟工人们解释一下，等节后款项返还后再补发给大家，相信大家都会理解的。可李江福不这么想，他说："你们垒好了每块砖，我不会欠你们一分钱。"为了这个庄严的承诺，李江福回家与爱人商量，抵押了自家房产，贷款给工人按时发了工资。

　　"人心都是肉长的，不论在工作还是生活中，凭良心办事都是理所应当的，这是做人的根本，也是不可越过的底线。"没有一次质量问题，没有一次延误工期，没有一次工资拖欠，这是李江福对自己的要求，他也用行动践行着每一句诺言。"与人为善，诚信不欺"是他的品质，更是他的职业操守，作为新时代的劳动者，我们要诚信为本建大厦、以德化人筑高地，以诚实劳动开启职业之旅。

小结

劳动精神是劳动者在劳动活动中的情感、意识和态度的重要体现，与劳模精神、工匠精神并列成为劳动教育课程的重要学习内容。学习劳动精神的主要目的是让我们有正确的劳动道德观和社会价值观，通过劳动拥有成就感和幸福感，培育不怕吃苦、克服困难的品质和诚实守信的劳动意识。

职业院校是培养新时期高素质技术技能人才的殿堂，职业教育是使我们从普通劳动者成为合格劳动者的重要人生经历。因此，培育劳动精神可以帮助我们在进入工作岗位之前树立正确的劳动观、道德观、价值观，能够理性判断、从容应对并破解劳动中的难题，成为一个具有健康人格和劳动精神的合格劳动者。

从体验劳动荣誉感的角度出发，培养劳动者的道德观和社会价值观，树立其崇尚劳动的精神。从培育劳动情感的角度出发，让劳动者体验劳动后的成就感和个人幸福感，使其树立热爱劳动的精神。从端正劳动态度的角度出发，使劳动者形成不怕吃苦和克服困难的品质，树立辛勤劳动的精神。从形成劳动意识的角度出发，让劳动者理解诚心守信的重要性，使其树立诚实劳动的精神。

在进入工作岗位之前，只有通过学习劳动精神、参与劳动实践，我们才能在未来职业生涯中以奋斗成就明天的光荣。

思考题

1. 在学校里，有些宿舍存在无人主动打扫卫生、衣服鞋袜长期不洗、被褥从不叠放整齐等问题。请你结合本次课程，谈谈这些问题产生的原因和改善的有效措施。

2. 小李同学长期通过信贷透支的方式超前消费和高消费，放假期间也很少参加勤工俭学等助学劳动，他表示，等毕业找到工作后很快就能偿还这些费用。你怎么看待小李的这种态度？

3. 有人说，吃苦受累、出力流汗的劳动很难挣钱，而且这是笨人的思维方式，聪明人靠创意才能轻松挣钱，并且能挣到大钱。你怎么看待这样的观点？

4. 小王同学在学校组织的进行定期慰问养老院老人的活动中结识了一位老爷爷，并与老爷爷建立了感情。有一次，老爷爷提出要小王每周末都去看望他，并承诺给小王提供助学费用，这让小王感觉很为难。他该怎样处理好这个问题？

阅读研讨

王选：中国创新奋斗的典范

20世纪70年代，铅字印刷占据我国印刷行业的主导地位。王选作为我国汉字激光照排系统的创始人，带领科研团队研制出的第四代汉字激光照排系统为全世界新闻出版的全过程计算机化奠定了基础。这项技术当时居于世界领先地位，被誉为"汉字印刷术的第二次发明"，王选本人也被誉为"当代的毕昇"。

在工作中，王选一直注重自主创新的问题，早在1988年，他就提出"只有依靠自主技术持续创新，才能建立中国自己的产业"。从技术构想、设计、实验到成功的十几年间，王选经历了无数次的失败。照排技术强国的不少技术专家都说他的想法是不可能实现的，但王选能耐得住寂寞，他一年365天几乎都是在实验室度过的，就连春节也不例外，对家人的亏欠时常使他伤心落泪，但是为了富民强国的信念，他能够暂时割舍儿女情长，全身心投入工作之中。

2001年，王选获得了国家最高科学技术奖，他在感言中说道："获得国家最高荣誉时，内心的喜悦是许多除夕夜与家人相守的普通人所感受不到的。只有平日里的不断付出，才会换来巨大的精神回报。"

　　王选的事例启示我们，实现人生目标就要有十年甚至几十年磨一剑的奋斗精神，需要有创新意识和良好的科研风气，要能忍受艰苦的条件，摆脱急功近利的心理，不以追求虚名和个人成就为目标，心中怀有强国之梦，始终坚定决心和信心，锲而不舍地坚持下去。

1. 当工作和家庭出现矛盾时，你认为该如何处理？

2. 王选是我国著名的科学家，国家给予的待遇可以让他享受舒适的生活，但他仍像普通劳动者一样艰苦奋斗、不断拼搏，你觉得是什么在支撑着他的精神世界？

3. 有人会说，王选是科学家，所以他才能创造不平凡。作为普通劳动者，我们与王选有没有共同点？如果有，那这些共同点又是什么呢？

文献索引

［1］习近平．在全国劳动模范和先进工作者表彰大会上的讲话．2020-11-24．

［2］中国共产党第十八次全国代表大会报告．2012-11-08．

［3］郑银凤．"90后"大学生劳动观教育研究．四川：西南交通大学，2016．

课后实践训练：采访劳动榜样

- ### 活动目标

  通过采访，了解身边榜样真实的成长经历，发掘其闪光点，加深对劳动精神的理解，激励自己的成长。

- ### 活动道具

  记事本、签字笔、手机（录音、拍摄）等。

- ### 活动过程

  将全班学生分为 5 ～ 6 个小记者组，每组 5 ～ 7 人，结合本专题内容，设计 2 ～ 3 个问题，以本校获奖同学或实习企业优秀员工为对象进行采访。

- ### 活动体会

  采访结束后，填写并提交"实践训练卡 2"。通过整理采访记录，提炼出不同劳动榜样身上的典型特点，与全班同学分享优秀案例并谈谈自己的感受。

活动名称	
活动目标	
小组名称	参与人
活动道具	
活动过程	
活动体会	

实践训练卡

专题三
中国劳模

古往今来，数以万计的优秀劳动者用辛勤的汗水与灵巧的双手为我们创造了物质丰富的繁荣社会，他们既是拥有先进技术与丰富经验的行家，也是奋斗精神与奉献精神的有力践行者。他们不仅具有智慧和远见，创造了更为合理、高效的劳动形式；也以爱国、敬业的高尚情操，为劳动者赢得了声誉、树立了榜样。可以说，优秀劳动者是推动历史前进的强大驱动力，也是创造人民幸福生活的时代英雄。

"劳动模范"这一称号是当代中国对于优秀劳动者的肯定与褒奖，他们产生于时代，服务于时代，造福于时代。劳动模范不仅是劳动者群体的楷模与典范，更是全社会的精神信仰和道德标杆，他们激励着人们在工作和生活中永葆初心、力争上游，争做时代的领跑者和引路人。

关键词

爱岗敬业   争创一流

艰苦奋斗   勇于创新

淡泊名利   甘于奉献

学习目标

1. 了解劳模产生的时代背景与历史作用
2. 理解劳模精神的内涵及其对社会发展的重要影响
3. 掌握培养劳模精神的具体方法与实践途径
4. 深刻领会职业院校学生学习劳模精神的重要意义

重点与难点

1. 劳模的内涵及作用（重点）
2. 劳模精神的主要特质（重点）
3. 培养劳模精神的方法与途径（难点）

课前热身活动：填写劳模成就值清单

- ### 活动内容

  每位同学填写一份"劳模成就值清单"，阐述一下你对劳模的理解。

- ### 活动过程

  每位同学有 6 000 个能量币，请根据你对劳模的理解，将自己的能量币分配到不同的选项中，确立自己心目中的劳模形象。老师将全班同学的投放结果进行汇总分析，看看大家更重视劳模的哪些特质。

序号	劳模特质	能量币
1	具备爱岗敬业的态度	
2	在学习和工作上争创一流	
3	有战胜困难的意志	
4	在实践中勇于创新	
5	能正确看待名利	
6	知道"奉献"是为了什么	

- ### 活动思考

  1. 你这样分配的理由是什么？
  2. 你认为劳模还应该有哪些特质？

3.1   劳模认知

3.1.1   劳动模范的内涵

劳动模范的内涵

"劳模"是劳动模范的简称，是每个中国人都耳熟能详的称号。提起劳模，人们便会将其与"榜样""标杆""荣誉"等词汇联系起来，并将其作为推崇和学习的对象。2020年11月24日，习近平总书记在全国劳动模范和先进工作者表彰大会上发表了重要讲话，激励全党全国各族人民弘扬劳模精神。一直以来，劳模在我国的社会价值体系中占据着重要位置，准确理解劳模的含义、了解劳模的由来是我们培育劳模精神的前提。

劳动模范的含义　劳动模范是一种荣誉称号，经职工民主评选，由有关部门审核和政府审批后授予在社会主义建设事业中成绩卓著的劳动者，并将其作为广大劳动者的榜样加以弘扬和宣传。劳动模范是工人阶级和社会劳动者的优秀代表。2013年4月28日，习近平总书记赴全国总工会机关同全国各条战线、各行各业、各个时期的劳动模范代表座谈，他强调："榜样的力量是无穷的，劳动模范是民族的精英、人民的楷模。"

劳动模范是一个具有鲜明中国特色的称谓，按照参评范围可分为全国劳动模范、省部级劳动模范、市县级劳动模范、企业劳模等。中共中央、国务院授予的劳动模范为全国劳动模范，是最高的荣誉称号，其下依次是省、部级劳模，市、县级劳模和企业级劳模等。

劳动模范的由来　我国劳模的起源要追溯到新民主主义革命时期，在解放区的劳动英雄运动中，已经包含着劳模最基本的特征和评选制度的雏形。

1934年春，中华苏维埃政府为了表彰和推动妇女参加生产劳动，召开了苏区妇女劳动模范代表大会，毛泽东同志亲自给学犁田耙田的妇女劳动模范颁发奖状和奖品，这应是中国首次使用"劳动模范"这一称谓来称呼在生产建设中取得卓越成绩的劳动者。在这一时期，中国共产党领导下的根据地开展了各类劳动竞赛、树立榜样的活动。此后，劳动模范阵营日益发展扩大，劳模运动全面展开。

中华人民共和国成立初期，急需大量的优秀劳动者参与社会主义建设。1950年，全国工农兵劳动模范代表会议召开，此次会议又被称为"第一届群英会"，在中国劳模史上具有深远的意义，很多制度、规范都是在这次会议上形成的。毛泽东同志在致辞中称劳动模范是"全中华民族的模范人物，是推动各方面人民事业胜利前进的骨干，是人民政府的可靠支柱和人民政府联系广大群众的桥梁"[1]，这充分肯定了劳动模范的积极作用。改革开放后，知识分子和科技工作者中的优秀代表成为劳模队伍的新成员。中华人民共和国成立至今，累计表彰全国劳动模范和先进工作者超30 000人次，劳模队伍不断壮大（图3-1-1）。

图 3-1-1
各行各业的劳动模范

3.1.2 劳模对社会发展的积极作用

劳模对社会发展的积极作用

一、传递正确劳动观念

党和政府通过评选、表彰劳模，在劳动者中树立榜样和标杆，将劳动与荣誉联系起来，传递正确的劳动观念，明确社会主义建设事业中的劳动价值导向，引导广大群众转变思想，投身生产建设。

例如，在抗日战争时期，陕甘宁边区政府组织开展生产运动和各项建设活动，评选了一批劳动英雄，赵占魁就是其中的代表。

赵占魁（图3-1-2）是抗日战争时期陕甘宁边区农具厂化铁工人。在农具铸造工作中，他在高达2 000摄氏度的熔炉前持续工作，和几个工友在半个月的时间内打造出200把镢头、300张锄。1943年，赵占魁被评为边区特等劳动英雄，成为边区工人的一面旗帜。此后，一个以改变工人劳动态度、提高劳动生产效率为主要内容的"赵占魁运动"在陕甘宁边区及其他各抗日根据地展开。此项运动的普及调动了军民生产、工作的积极性，引发了一场思想革命，增强了边区职工的主人翁意识和劳动责任感。

陕甘宁边区广泛开展的劳模运动是中国历史上的创举，党和国家通过培养和表彰一批劳动模范，极大鼓舞了边区人民的劳动热情，为战胜困难、坚持抗战提供了精神动力，为后来的社会主义经济建设和精神文明建设积累了宝贵的经验。

图3-1-2
赵占魁

二、推广先进经验

劳动模范是工作上的能手，他们善于思考、总结，通过分享自身的劳动技能、经验，提升广大劳动者的工作效率，为国家的物质生产和积累做出卓越的贡献，郝建秀便是其中的代表。

1949 年 9 月，郝建秀（图 3-1-3）如愿来到青岛国棉六厂细纱车间上班，成为中华人民共和国第一代纺织工人中的一员。由于年龄小，郝建秀刚开始找不到工作的技巧，经常受到批评。此后，聪明又执着的郝建秀凭着一股不服输的劲儿，不到 3 年的时间就熟练地掌握了纺车的性能和操作规律，摸索出一套多纺纱、多织布的高产、优质、低耗的工作方法。这种方法创造了 7 个月平均细纱皮辊花率仅 0.25% 的新纪录，这个纪录为当时全国棉纺织工业平均皮辊花率的 1/6。郝建秀的工作经验在青岛国棉六厂传播开来，并引起原纺织工业部和全国纺织工会领导人的重视。随后，"郝建秀工作法"在全国各地纺织企业得到普遍推广，这种方法每年可为国家多生产 4.4 万件棉纱，相当于 400 万人一年用布的棉纱量。这不仅创造了巨大经济效益，而且促进了纺织科学技术的发展。

图 3-1-3
郝建秀

作为一名优秀的劳动者，固然要苦干实干，但绝不能傻干蛮干，要勤于思考，善于归纳总结，在提高工作效率上下功夫。对于职业院校的学生而言，掌握专业技术，不断磨炼技能，做到举一反三、推陈出新，是为企业和国家创造效益的有效方式。

三、创新科学技术

科技工作者为我国的科学进步和技术创新发挥了极为重要的作用。改革开放以来，随着时代的进步和社会主义市场经济的发展，在"科学技术是第一生产力"的指引下，越来越多的科技工作者成为劳模队伍中的一员，其中既有袁隆平等知名专家，也有大批并不为人熟知的技术能手，"抓斗大王"包起帆便是其中的典型人物。

包起帆（图 3-1-4）原为上海白莲泾码头的一名装卸工，他在恢复高考制度后成为上海第二工业大学的一名学生。在学校里，他如饥似渴地学习物理、数学等基础知识，为了保障生产安全，结束人力装卸木材的历史，他从研究国外木材装卸的科技情报资料下手，经过无数个日夜的努力，包起帆和他的同事终于创造出木材抓斗，这项技术填补了港口装卸工艺系统的一项空白。30 多年来，他刻苦学习科技知识，和同事们先后完成了 130 多项创新项目，其中 49 项获国家和国际专利，3 项获国家发明奖，3 项获得国家技术进步奖。他还把自己和同事发明创造的新型抓斗、工索具等技术推广到全国数百个港口和冶金、矿山、建筑、林场等单位，大大提高了这些单位的经济效益。

图 3-1-4
包起帆

包起帆由一名装卸工成长为获得多项专利、受人尊敬的工程师，离不开他勤耕不辍、勇于创新的精神。作为职业院校的学生，在走上工作岗位后，我们仍然要坚持学习理论知识，并在此基础上探索创新，为社会做贡献，实现个人职业生涯的飞跃。

四、担当重大使命

在众多劳动模范中，有一批佼佼者，他们除了具备优秀的劳动品质外，还承担着关乎国家命运的千斤重担。他们以独当一面的能力、舍我其谁的气魄冲锋陷阵、攻坚克难，为国家和人民做出了重大贡献。他们的光辉事迹不仅为当代人所弘扬，也将载入史册，为后人所传唱。全国先进工作者、五一劳动奖章获得者——钟南山，他的事迹就是对使命担当的完美诠释。

钟南山（图3-1-5）是我国家喻户晓的医学专家，他于1995年和2003年两度被评为全国先进工作者并荣获全国五一劳动奖章，是我国最高级别劳动模范荣誉的持有者，同时也是共和国勋章的获得者。

图3-1-5
钟南山

2003年，"非典"爆发，时任广州医学附一院呼吸疾病研究所所长的钟南山在病情不明、医务人员陆续被感染的情况下，冒着被感染的风险，主动承担广东省危重病人的救治工作，较早确定了病原，研究摸索出一套行之有效的治疗方法，并积极奔赴各疫区指导开展医疗工作，成为抗击"非典"的领军人物。

2020年，新冠肺炎疫情来袭，84岁高龄的钟南山临危受命，担任国家卫健委高级别专家组组长，冒着生命危险奔赴武汉，领导疫情防治研究工作。期间，他果断向社会公布新冠肺炎存在"人传人"的情况，拉响了全国新冠肺炎疫情防控的警报，率领团队开发针对性疗法，向全国人民宣传普及疫情防控知识，倡导国际合作。

钟南山曾说过："如果有了危险，医生都逃避，那要医生做什么？""我们本来就是研究呼吸疾病的，最艰巨的救治任务舍我其谁？"面对两次疫情，钟南山以其权威的专业知识、出色的领导能力和敢于担当的勇气战斗在最前线，为国家和人民做出了不可磨灭的贡献。

钟南山作为医务工作者中的劳动模范，在关键时刻多次挺身而出，不仅体现了爱岗敬业的精神，更是体现了责任与担当。对于职业院校的学生而言，院士钟南山熟悉而遥远，也许我们很难达到他的成就，但他所展现出的使命意识和担当精神值得每个人学习，能够以责任为重、勇于担当的人必将在本职岗位上做出耀眼的成绩。

3.2　劳模精神

3.2.1　爱岗敬业

一、爱岗敬业的精神内涵

爱岗敬业

爱岗敬业就是珍惜、热爱自己的工作岗位，敬重自己的职业，尽职尽责地做好本职工作。爱岗敬业是优秀劳动者对待职业的一份责任，是劳动模范的典型人格特征。

爱岗，是人们对工作岗位的热爱。它是劳动者对自身岗位的认同，是劳动者的价值观、人生目标、性格、甚至兴趣偏好等诸多内在因素与工作岗位相匹配时产生的正面情感。

敬业，是一个人对自己事业的尊重。劳动者将事业摆在人生中极为重要和崇高的位置，进而在工作中体现出严谨、努力、守规、务实、求精等品质。

一般情况下，一个普通劳动者每年约有 250 天在岗，每天工作 8 小时，生命中的大部分时间都在岗位上度过，仅就时间而言，工作、事业在人生中占据的比重也是极大的，如果我们对自己的岗位认同度不高，甚至在潜意识里有抵触情绪，那么工作将会变为负担，给劳动者带来不良的感受和体验，同时也会磨灭劳动带来的幸福感。工作和事业作为人获得物质回报和价值认同的重要渠道，是个人与社会相联系的纽带，个人通过事业上的努力为社会做出贡献，将受到社会的认同与回馈，从而以更大的热情投入事业中，进而形成良性循环（图 3-2-1）。

图 3-2-1
干一行，爱一行，
专一行，精一行

二、如何成就爱岗敬业的态度

　　建立对工作岗位的正确认知　职场对于劳动者来说不仅是谋生的场所，也是学习本领、积累经验、锻炼能力的平台。工作岗位为劳动者打开一扇窗，透过这扇窗，我们能够进一步了解行业、认识自我、融入社会，不断地完善和调整世界观、人生观、价值观，认识到工作对劳动者的重要性，将其看作是人生的舞台，可以增进对工作岗位的热爱。

　　树立高尚的人生目标　爱岗敬业不是一时的心血来潮，而是持之以恒的坚持。工作上的迷茫会导致人失去前进的方向，久而久之便丧失了激情和动力，爱岗敬业也就无从谈起。这需要劳动者树立高尚的、被自身和社会认可的目标，并始终抱有希望，从希望中获取力量。通过对职业生涯进行长远的规划来明确目标，找准实现目标的路径，将总体目标分解为阶段性任务，从容地面对工作，将爱岗敬业内化为心理自觉。

　　学习先进榜样的经验方法　爱岗敬业没有量化的标准。在有的行业，攻坚克难、埋头苦干是爱岗敬业，而另一些行业则更强调一丝不苟、恪守规则。劳动者应该用什么样的方式展现对工作和事业的热爱？这一问题没有具体答案，需要劳动者根据自身及环境特点，向本单位、本行业的榜样学习，效仿其行为，借鉴经验方法，在正确的方向上发力。

案例解析　　徐虎：辛苦我一人，方便千万家

1985 年，徐虎已在上海的中山北路房管所做了 10 年的水电养护工。他曾以个人名义向附近住户发出了 500 张修理服务征询单，了解到双职工家庭普遍存在白天上班无法报修的难题后，徐虎决定提供夜间义务服务。1985 年 6 月 23 日，徐虎在辖区内挂了 3 个"夜间水电急修特约服务箱"，还写了告示告知附近居民，"凡属本地段的公房住户，如有夜间水电急修，请写纸条投入箱内，本人热忱为您服务。每天开箱时间晚上 7 点。中山北路房管所徐虎"。从那一天起，徐虎总是会准时背上工具包，骑上他的那辆旧自行车，直奔这 3 个报修箱，然后按照报修单上的地址挨家挨户上门修理。10 年来，徐虎从未失信过。他累计开箱服务 3 700 多天，共花费 7 400 多个小时，为居民解决夜间水电急修项目 2 100 多个，被群众誉为"19 点钟的太阳"。

徐虎在青少年时代深受雷锋事迹的感染，树立了为人民服务的人生目标。参加工作后，他更是主动向榜样学习，与先进对标，提升业务能力和服务意识，传承爱岗敬业的精神，积极主动地为居民排忧解难，被誉为 20 世纪 90 年代的活雷锋。他在平凡的岗位上贯彻"辛苦我一人，方便千万家"的工作原则，立足岗位，学习先进，十多年如一日，这正是爱岗敬业精神最好的诠释。

职业院校的学生要在工作岗位上取得成绩，应将爱岗敬业作为道德基础。爱岗才能踏实工作，获得经验和知识的积累；敬业才能重视工作，增强一丝不苟、精益求精的劳动意识。

3.2.2 争创一流

争创一流

一、争创一流的精神内涵

争创一流是指劳动者通过良性竞争，在技能水平、劳动效率等方面力争第一的志向。争创一流，"争"是积极主动的心态，"创"是过程，"一流"是标准，劳动者经历对比、学习、赶超，不断激励彼此，刷新工作的标准和上限（图 3-2-2）。

图 3-2-2
技术精湛，
创优争先

竞争意识流淌在每个个体的血液中，人们在生活和工作中都会不自觉地将自己与他人进行比较，树立争创一流的目标恰恰是对这种意识的正面引导。在竞争的过程中，劳动者通过对比不断深化对自身的认识，发挥特长、补齐短板，发现并学习他人的优点，借鉴他人的经验，不断提升个人素养。

对于劳动者而言，只有不断地鞭策自我，促使自己努力提高业务能力和知识水平，并与其他劳动者相互激励，才能发挥劳动者群体的巨大作用，对社会进步做出更大的贡献。

二、如何树立争创一流的目标

客观谦虚 树立目标的前提是劳动者要对自身和他人有客观的判断，正确认识他人的优势，承认自身的差距，才能迸发前进的动力。正如我们耳熟能详的寓言故事"龟兔赛跑"所阐述的那样，兔子虽然跑得快，但麻痹大意，意识不到乌龟已经超过自己，而乌龟作为落后的一方，清楚地观察到自己与兔子的差距，奋起直追，毫不懈怠，最终赢得了比赛。没有客观的判断和谦虚的态度，只是一味地看到自己的优势，会导致人蒙蔽双眼、丧失斗志。

乐观积极 争创一流永无止境。在职业发展的道路上，受时代背景、客观环境、经验积累、个人禀赋等因素的影响，必然会遭遇挫败与瓶颈，经常会感觉"一流"遥不可及，这就要求劳动者时刻保持乐观、积极的心态，正确地看待挫折与困难，抛除杂念，将自我提升作为参与竞争的出发点，更关注过程而非结果。例如，全国劳动模范、微电子技术专家罗健夫在 20 世纪六七十年代为国家研制图形发生器时，其研究小组内负责计算机的技术人员被调离，导致项目一度停摆，罗健夫没有被挫折打倒，他自学计算机原理和应用技术，代替技术人员继续开展工作，研制出我国第一台图形发生器，为中国航天工业作出重大贡献。

自信勇敢 自信和勇敢是争创一流的前提。如果我们在工作和事业上妄自菲薄，不敢将自己与他人进行比较，面对可能暴露的不足和短板采取视而不见的鸵鸟战术，那么我们的工作和事业必将止步不前。争创一流要有初生牛犊不怕虎的勇气，要敢于向更高的目标发起冲击、向优于自己的竞争者发起挑战，要善于总结和利用自身优势，相信别人能够达到水准，自己也能达到。例如，全国五一劳动奖章获得者方文墨，从沈飞民品公司卷烟机零件加工工人一路成长为战斗机零件加工的技能大师，他苦练本领，拜师学艺，不断对比各家的技术手法，集各家之长，克服理论水平基础较弱等困难，从并无优势的起跑线出发，最终占据了领跑者的位置。他创造的"0.003 毫米加工公差"被称为"文墨精度"，相当于头发的 1/25，真正达到了一流水准。

作为促进未来社会经济发展的主力军，职业院校学生只有具备尽职尽责、勤于学习、积极进取的职业态度，做到干一行、爱一行，专一行、精一行，才能在激烈的竞争中取胜。

3.2.3　艰苦奋斗

艰苦奋斗

一、艰苦奋斗的精神内涵

艰苦奋斗是指劳动者在艰苦的条件和环境下，仍然振作精神，与困难不懈斗争的意志。艰苦奋斗的内涵包括四个核心要素：一是忍耐，二是坚持，三是勇气，四是意志。即有以苦为乐的隐忍和耐力、持之以恒的定力和韧性、迎难而上的无畏和顽强、时刻振作的斗志和激情。艰苦奋斗是劳模重要的人格品质之一，是中华民族的优良传统，是战胜困难的力量源泉（图 3-2-3）。

艰苦奋斗的精神一直以来被国家提倡。虽然先辈们面对的困难主要来源于薄弱的工农业基础和严酷的自然环境，但我们不应在脑海中形成刻板印象，将"艰苦"简单地理解为物质的匮乏和环境的恶劣。在当代中国，基础设施完善、物质保障充裕、产业分工明确、信息渠道畅通，"艰苦"一词似乎不必再和奋斗联系起来。诚然，时代在进步，在王进喜战斗过的岗位上，机器早已代替了人工，但高端仪器的研发等新难题也随之而来。当代劳动者面临的困难不断升级，如承担社会环境压力、直面市场竞争、抵制消费主义侵蚀、应对科技挑战等。新形势下面对新条件、破解新困苦、解决新难题，更加需要劳动者具有艰苦奋斗的精神。

图 3-2-3
努力成就梦想

二、如何练就艰苦奋斗的意志

树立远大理想 理想是人生道路上的有力支撑，面对艰难困苦，理想能给人以希望和动力。尚未步入社会的学生对工作、生活的认识还较为模糊，自我定位和认知也不一定准确，这会使我们变得迷茫、缺乏斗志。因此，我们要树立远大理想，并设立阶段性目标。理想的指引是精神力量的源泉，阶段性目标的实现可以帮助我们随时调整努力的方向，保持成就感和自信心。作为职业院校的学生，我们可以尝试对未来五年的人生做出规划，对在校期间取得什么样的成绩、毕业后从事何种工作、工作的前三年应实现什么样的目标等问题进行思考，并就有关设想与指导老师进行沟通，为自己树立符合自身条件的目标。

磨炼坚忍品质 无论是掌握一项技能还是成就一番事业，都离不开过程的积累，而积累建立在不断试错的基础上。我们在学习和工作中会遇到各种各样的挫折与失败，这要求我们具备与困难进行持久战的耐心。比如，我们在考试成绩不理想或是在实践操作中遇到问题时，应该先稳定自己的情绪，寻找问题产生的原因，向他人学习解决问题的方法，保持耐心、不断地尝试，经过反复的练习和调整，最终会获得成功。而不断尝试、练习和调整的过程就是磨炼坚忍品质的过程，在这个过程中，我们的耐心、意志力和抗挫折能力会逐渐提高。

学习先进榜样 学习优秀劳动者的事迹是培养意志品质的有效途径。从南泥湾大生产运动、大庆油田会战到"两弹一星"工程、探月工程，无数先辈用实际行动诠释了艰苦奋斗的精神。我们可以通过阅读书籍报刊、参观展览等形式，感悟优秀劳动者的心路历程，学习先进榜样，践行艰苦奋斗的精神。

案例解析   梁增基："粮"心坚守60年

梁增基是我国著名的旱区小麦育种专家。1961年大学毕业后，他一头扎进陕西省长武县的山坳里，发现当地小麦品种单一，常受冻害、病害侵袭，亩产不足50千克，农民食不果腹。了解到这个情况后，他立志要研究出抗病、抗冻的小麦品种，造福百姓。工作开始后，他没有育种材料和试验田，也没有劳动力，他就自行联系有关部门寻求支持，亲自下地种田。

1971年，他培育的小麦品种"7125"和"702"亩产首次突破100千克，经过无数次的失败，他又解决了旱地小麦的锈、冻、倒、旱、筋、黄矮病等一系列问题，完成了一个又一个的阶段性目标。历经数十年，梁培基培育的小麦亩产量从当初的32千克增加到现在的500千克，创造了陕西旱地小麦产量的奇迹。由他培育出的8个小麦新品种先后通过国家和省级的审定，被大面积推广，推广后累计增产粮食25亿千克以上，增加产值40亿元以上。

梁增基的故事告诉我们，成功不是一蹴而就的，往往需要几十年的坚守，没有远大的理想和坚韧的品质是无法战胜困难的。将理想分解成一个个可实现的目标，始终保持艰苦奋斗意志，是走向成功的法宝。

3.2.4　勇于创新

勇于创新

一、勇于创新的精神内涵

勇于创新是指在劳动过程中锐意进取、直面风险、求新求变的气魄。创新就是利用已有的知识、技能和相应的物质条件，在特定的环境中，对原来的技术或事物进行改进或创造，从而获得比之前更好的技术或事物。在创新过程中，劳动者需要主动打破现状，摧毁旧事物、舍弃旧方法、否定旧理论，承担创新过程中的经济风险甚至是生命安全风险，这需要创新者具备足够的勇气。

只有敢于创新、善于创新，社会才会发展进步。试想，如果人类一直因循守旧，害怕风险和失败，就不会有现如今的现代化社会。比如，"日心说"的确立，前提是否定"地心说"，否定长久以来被人们奉为真理的理论，其勇气可见一斑。再比如，航天工程的实施就是伴随着巨大风险的科技创新过程，即便是航天科技全球领先的美国也曾发生过多起航天事故，挑战者号、哥伦比亚号两架航天飞机的事故更是震惊了世界。我国的航天工程同样需要应对各种风险，但如果因为惧怕风险和失败而停止创新，我们就不会见到"神舟"升空、"嫦娥"绕月了。事实证明，只有勇于创新，才能不断地向前发展。

二、如何培养勇于创新的气魄

勤于学习，善于思考　学习和思考是创新的底气，是勇气的来源。要想超越巨人，就必须站在巨人的肩膀上；要创新，就必须对原有事物有充分的认识。因此，我们不仅需要努力学习专业知识，还需要对获取的知识、信息进行处理、加工和整合，形成自己的观点和看法。正所谓学而不思则罔，思而不学则殆。在储备知识的过程中，要善于思考，善于从不同角度、不同层面分析问题、解决问题；要敢于向经验、权威说"不"，积极探索，敢于创造性地开展工作，提高工作的针对性，增强工作效能，始终保持与时俱进的精神状态。在学习的过程中，我们要敢于提出问题，与指导教师进行交流，提出自己的想法，在实习和实践中大胆尝试新想法、新思路，通过思考和交流不断提升自己的理论水平和实践技能。

正视风险，坚定不移　具有创新精神的劳动者往往会面对更多的风险和不确定性，可能会遭受财产的损失甚至是安全威胁，正确评估风险，提前做好承担损失的准备，是勇于创新的前提。在创新过程中，出于各种原因，他人往往会对创新者提出反对意见，创新者也会面临缺少支持和保障的情况，这些都可能会导致创新止步不前。面对暂时的阻碍和困难，我们可以创造条件、破除障碍，也可以选择稍事调整、积蓄力量，只要坚定不移地向着目标迈进，一定能够取得成功。

突破束缚，敢于转变　创新过程中经常会遇到瓶颈，解决问题需要跳脱既定思维、转变思路方法，而转变则可能意味着放弃原有路线，已投入的人力、物力和精力都会付诸东流，更为困难的则是创新者否定自己的陈旧想法并重新构建思路甚至调整目标。此时，如果创新者缺乏突破和转变的勇气，那创新就会半途而废。这时需要创新者及时总结问题，并开展科学论证，将转变建立在缜密的分析与客观的判断之上，为自己提供勇气和信心。

🔠 案例解析　　　　　　　　　　王斌俊：机电"神医"

　　王斌俊是汾西矿业集团高阳煤矿的一名机电师，他是土生土长的矿工子弟，从业20多年来，他从一名技校生成长为享受国家政府特殊津贴的高级技师，并于2020年获得全国劳动模范称号。

　　1995年，王斌俊被分配到高阳煤矿机电队绞车维护组，初出茅庐的他工作认真、热爱学习、勤于思考，在计算机未普及的时代，他手工绘制电气原理图，将理论图纸带到现场，根据开机过程中元器件的动作，对设备的运作进行深入的研究。

　　2004年，王斌俊为开展技术创新，主动放弃安全的井上工作，甘冒风险，成为一名井下电钳工。他在采煤、掘进、机电等井下一线轮番工作，认真学习机电设备的检修、维护和安装，基本上所有的设备他都研究过，正是井下工作积累的实践经验使他成为机电技术方面的佼佼者。

　　2013年，以王斌俊为首的机电创新工作室正式挂牌成立，该工作室先后完成 30 余项优秀科技攻关成果，攻克了采煤机端头站、遥控器皮带综合保护装置、雷达捕车器等 10 余项矿用机电设备技术难题，为企业节约资金累计 1 730 万余元，减少经济损失 1 000 万余元。

　　王斌俊的故事充分诠释了勇于创新的精神内涵，为开展技术创新，他主动申请到高危的井下开展工作，他善于钻研的精神和为创新而展现出的巨大勇气体现了劳模的特质。由此可见，优秀的劳动者不仅要苦干，更要会干，要大胆地创新，为人所不曾为、为人所不敢为。

3.2.5　淡泊名利

一、淡泊名利的精神内涵

淡泊名利

　　淡泊名利是指劳动者不将物质回报和声望传播作为劳动的主要目的，将个人价值的实现寄托于劳动的过程和对社会的贡献。淡泊名利是劳动者高尚的人生境界，是其不为世俗名利所左右，专心致志做事，豁然达观地对待人生的态度。需要特别说明的是，淡泊名利与通过劳动获取合理报酬并不冲突，劳动者有权维护自己的合法权益。

　　当下，大部分劳动者的劳动报酬和福利待遇可以得到一定的保障，重视名利大多是攀比心理所致。保持淡泊名利的心态可以使劳动者不为物欲所惑、不为名利所累，避免因攀比带来失落、困惑、愤懑等负面情绪，可以使其心无旁骛地投入工作和事业中，通过劳动获取成就感和幸福感（图 3-2-4）。

图 3-2-4
在工作上"争"，
在名利上"让"

二、如何达到淡泊名利的境界

勤学思辨　达到淡泊名利的境界，首先要树立正确的世界观、人生观、价值观。劳动者可以多观察、多思考身边的人和事，提高思辨能力，提高思想境界。我们可以从自己的同学、老师、父母及长辈等身边人中寻找榜样，并和他们多交流，了解他们对待名利的看法，学习他们的经验，培养自身淡泊名利的精神。

知止有度　淡泊名利不是舍弃合理回报，要分辨合理回报和争名逐利的区别。比如，通过提高工作效率、改进生产技术等方式创造更高的价值，获取更高的回报，这是对美好生活的追求；靠偷工减料降低成本，抑或夸大宣传、沽名钓誉，则是争名逐利。在明确界限的基础上，对自己的行为、意识加以引导，在保持积极人生态度的同时避开名利的陷阱。在不久的将来，我们都将走上工作岗位，面对生活压力和各种诱惑，我们需要认识到，没有劳动和才能的支撑，"名利"二字只能是空中楼阁，空耗时间和精力。反之，如果我们时刻保持警惕，诚实劳动，不断提升自己的能力，做到知止有度，也必将获得应有的回报。

陶冶情操　名利之所以能给人带来诱惑，是因为它可以通过满足虚荣心、攀比心和奢侈欲给人带来精神上的愉悦，但通过这种方式获得的精神满足是短暂的，它会让人丧失理想和斗志。作为学生，如何远离名利，又让漫漫奋斗之路显得不那么单调和枯燥呢？除了通过劳动本身为我们带来的成就感和幸福感之外，我们还可以培养兴趣爱好、陶冶情操，积极参加学校体育类、艺术类的社团，通过有益的活动获得更高层次的精神满足，这样自然而然会远离名利的诱惑。

案例解析　　　　　　　　　　　　李瑞龙：淡泊名利　初心如磬

　　李瑞龙于 1928 年在上海出生，由于家庭贫困，他 14 岁便辍学拜师学习汽车修理。

　　1947 年 11 月，李瑞龙凭借熟练的修车技能到上海机械农垦管理处谋生，开始接触各类农业机械。1949 年，他被选聘为实习指导，对部队转业到地方的人员进行农机使用维修技能培训，并带领学员奔赴济南、惠民、乳山等多地实施农机维修。这批学员学到了理论知识，也进行了实践操作，成为山东首批农业机械业务人才。1950 年 2 月，李瑞龙被选派到山东筹建国营广北农场，他把青春、热血和智慧都奉献给了国家农垦建设事业，广北农场对李瑞龙做出的突出贡献给予了充分肯定。1951 年 2 月，李瑞龙参加山东省（第一届）工农兵劳动模范表彰大会，成为广北农场建场后推选的第一个省级工业劳动模范。但他在荣誉面前从未居功自傲，从未对后人提及自己是省级劳动模范的事。

　　由于农场初建时条件艰苦，很多人选择调离广北。1980 年，兖州山东省农业机械化学校三家单位先后商调李瑞龙去工作，几次调到省属单位工作的机会都被他婉言谢绝。李瑞龙婉拒各类工作邀请，一心投身基层工作，以一种淡然处之的态度面对物质奖励和名誉声望，却以坚忍不拔的精神投身农垦建设。从 1950 年春到 1989 年离休，李瑞龙始终坚守着那份初心和信念，一干就是一辈子。

　　淡泊名利是一种高尚的人生态度，是一种崇高的人生境界，可以使一个人的素质得到提升、灵魂得到净化。

3.2.6　甘于奉献

甘于奉献

一、甘于奉献的精神内涵

甘于奉献是指劳动者乐于为国家、为人民付出，不求回报、不计较得失的价值观念。甘于奉献的观念以淡泊名利的境界为基础，以自愿和主动为前提，以家国情怀、社会责任感和担当意识为引领，以追求社会效益、为国为民谋利为目标。甘于奉献的劳动者将个人的付出作为实现个人价值的方式，并在这一过程中收获满足感和幸福感。

甘于奉献的观念是推进文明进步、科技发展的重要动力，也是劳动者自我升华、达到更高层次精神境界的必要条件。人类社会中不存在绝对的公平，如果将个人精力集中在对回报的计较上，就会消耗工作的动力和激情，拖累个人的成长与进步，只有将服务国家和人民作为人生追求，才能有更高的成就。例如，中国航天之父钱学森在 1955 年从美国回国时，放弃了 20 万美元的年薪，而回国后月薪不足 400 元，其收入差距之大难以言说。但正是因为钱学森的甘于奉献，我国的航天科技才有了突破性的进展，为成为航天大国奠定了基础。

二、如何厚植甘于奉献的情怀

不为名累，不为利惑　厚植甘于奉献的情怀，首先要摆正财富、名望在人生中的位置，排除名利的干扰，将更多精力投入事业和工作中。也可以说，甘于奉献是在淡泊名利的基础上将人生与事业进行更深层次的融合，只有先做到淡泊名利，才能甘于奉献。同学们可以仔细观察周围默默奉献的人，了解他们对名利的态度。比如我们的老师，他们中的许多人终其一生都不会离开教学岗位，一辈子只做教书育人一件事，甘于奉献的情怀在他们身上体现得最为明显。从收入水平和社会声望来说，教师这个岗位并没有优势，但大部分老师对学生的付出是毫无保留的，他们的喜悦感和成就感来源于学生的成长和成才。

志存高远，脚踏实地　劳动模范之所以愿意为事业无私奉献，就是因为他们拥有家国情怀，有着为祖国、为社会、为人民服务的志向，具备着眼实际的觉悟和从零开始的思想准备。只有这样，才能在志向和目标的指引下，通过点滴的积累和艰苦的努力，一步步实现理想。在全国人民熟知的"两弹一星"工程中，无数的科研工作者、工程技术人员、军人为了增强军事国防力量，奔赴荒无人烟的大西北，与家人、朋友中断联系，在戈壁滩上建设科研工程基地，用算盘进行科研计算，最终成功实现了研制目标，奠定了我国国防安全体系的基石。有了崇高的理想和目标，奉献就有了意义；理解了"千里之行，始于足下"的道理，就有了定力和耐心，能够将"奉献"坚持下去。

投身事业，点亮人生　甘于奉献的人往往将其所从事的事业作为人生中最为重要的组成部分，将追求事业与实现人生理想相统一，在奉献的过程中体会到人生的意义和价值。以王进喜为代表的我国第一代石油工人就是投身事业的典型，他们以实现石油自给自足、为社会主义工业建设提供保障为毕生理想和人生追求，在自然环境恶劣的大庆、克拉玛依等地无私奉献，改变了中国石油工业的落后面貌，为中国工业"供血"，同时也实现了他们的人生价值。作为职业院校的学生，无论我们未来从事什么样的工作，仅以谋生为目的很难产生奉献精神，只有树立职业理想、将事业发展与个人价值相统一，才会在奉献中点亮人生、服务社会。

案例解析   张桂梅：圆山区女孩的大学梦

张桂梅扎根边疆教育一线40余年，默默耕耘、无私奉献，为了改变贫困地区女孩失学辍学的现状，在党和政府以及社会各界的帮助下，推动创建了华坪女子高级中学，这是中国唯一一所免费女子高级中学，专门供贫困家庭的女孩读书，她用知识改变了贫困山区女孩的命运，用教育阻断了贫困在几代家庭间的延续。

这所高中的学生基础比较薄弱，张桂梅不仅每天陪学生自习到深夜，还一直住在学生宿舍，把自己全部奉献给了学校和学生。学生的成绩突飞猛进，但张桂梅的身体状况却一落千丈。她身患心脏病、肺气肿等23种严重疾病，多次送往医院抢救，如今她的手脚上贴满了止痛药膏，在校园里走路都很艰难，但为了解决学生生活和学习上的困难，张桂梅坚持家访，很多学生的家在偏远山区，有的地方只能靠步行到达，但张桂梅要求自己"亲自到每一个学生的家里去看看"，这些年她累计行程11万公里，为学校留住了学生，为学生留住了用知识改变命运的机会。20年来，张桂梅生活非常简朴，对自己近乎"抠门"，但她把工资、奖金捐出来，用在教学和学生身上。她曾这样说过："如果说我有追求，那就是我的事业；如果说我有期盼，那就是我的学生；如果说我有动力，那就是党和人民。"为了祖国的教育事业，为了这些孩子们，张桂梅奉献了自己所拥有的一切。

甘于奉献是"赠人玫瑰，手有余香"的修养，是"随风潜入夜，润物细无声"的细心呵护。张桂梅生活简朴、不求名利，以教书育人为理想，以培养学生为使命，在孩子们的心里种下了一颗金灿灿的太阳，点燃了她们主动学习、追求进步、走出大山、改变大山的斗志，她用大爱和无私创造了贫困山区的教育奇迹，托起了女孩自立自强的梦想。

3.3 劳模代表

自中华人民共和国成立以来，有千千万万的人获得不同级别的劳动模范称号，他们来自不同的行业和岗位，有农民、工人、科学家等，他们各有所长，在自己的岗位上服务他人、贡献社会。为了加深同学们对劳模的认知，本节选取了三个案例，通过他们的故事，同学们可以走进劳动模范的精神世界，学习其优秀品质。

3.3.1 劳模精神，世代传承——环卫世家时传祥

时传祥

时传祥是中国人耳熟能详的名字，他是20世纪五六十年代北京市崇文区（现为东城区）清洁队工人，以"宁愿一人脏，换来万人净"的精神赢得了人们的尊敬，并因此成为中华人民共和国第一代劳动模范。

时传祥（图3-3-1）出生在一个贫苦的农民家庭，他14岁逃荒流落到北京城郊，受生活所迫，他在宣武门的一家私人粪场当起了淘粪工。在20世纪30年代，淘粪工不仅受到歧视，还会受到恶势力的压榨和剥削。中华人民共和国成立后，工人阶级的地位提高了，他对党和国家充满感激，把淘粪当成十分光荣的工作，满腔热情、全心全意地为人民服务。

老北京的平房很多，老四合院里人口密度非常大，茅坑浅，粪便常常溢出来，

图 3-3-1
时传祥

气味非常难闻。遇到这种情况，他总是默默地找来砖头，把茅坑砌得更高一些。他的工作没有节假日，哪里该淘粪，不用别人来找，他总是主动去。不管坑外路有多差、不管坑底有多深，他都想方设法掏干净。在工作中，他苦干加巧干。在改善运输工具之后，时传祥合理计算工时，把过去 7 个人一班的大班改为 5 个人一班的小班。他带领全班由过去每人每班背 50 桶粪便增加到 80 桶，他自己则每班背 90 桶，每班淘粪、背粪最多达 5 吨。管区内的居民享受到了清洁优美的环境，而他背粪的右肩常年肿胀，被磨出一层厚厚的老茧。

作为一名普通的淘粪工人，时传祥曾被毛泽东同志和刘少奇同志接见，并被请上天安门参加国庆观礼。他通过言传身教，帮助青年人树立了"工作无贵贱，行业无尊卑"的思想，在当代，他的后人仍在继续着他的事业，将时传祥精神薪火相传。

1975 年 5 月 19 日，刚刚 60 岁的时传祥在北京病逝，他在临终前有两个嘱托：第一，他说他干了一辈子的环卫工作，对这份工作非常有感情，下一代一定要把这个班接下去；第二，他说一定要实现清扫清运机械化，因为清洁很辛苦，所以一定要放下扫帚和粪桶，进行技术改革。

时传祥的小儿子时纯利（图 3-3-2）在父亲去世的前一年接班，他是时家的第二代环卫工人，也是时家的第二位全国劳模。1979 年，时纯利荣获北京市"青年新长征突击手"称号；1989 年，他被评为北京市劳动模范；1990 年，时纯利荣获全国五一劳动奖章。他从垃圾分拣工做起，后来负责垃圾清运工作，不满二十岁的他总会抢着干最脏、最累的活。在清运过程中，他作为司机完全可以坐在车上等着，但是每次他都会下车和大家一起清运。不管在什么时候，他都把上风向让给他人，自己站在下风向。当时好多老职工就说："看到时纯利的工作状态，就

图 3-3-2
时纯利

像看到了以前时传祥的那种工作状态。"

时新春（图 3-3-3）是时传祥的长孙女，2006 年获得全国五一劳动奖章，是这个环卫世家的第三位劳模。17 岁时，她到胜利油田当采油工，后来又做了水质化验员。万万没想到，1999 年，因为油田管理体制改革，她被要求转岗，到油田下属的滨南社区环卫绿化队当一名环卫工。

时新春说："虽然我是时传祥的长孙女，我的爷爷、叔叔、姑姑都在环卫系统，但是我从来没有想过有一天会成为一名环卫工人。偶尔去打扫一下卫生可能没感觉，如果把它作为

图 3-3-3
时新春

一个职业，当时心理上也是有些不接受的。我第一天和大家打扫马路的时候，一位大姐过来了，一看是我就问：'小时，你怎么干上环卫工了？'当时我就被问得满脸通红。我没法回答，感觉像犯错误一样。"

就在时新春情绪最低落的时候，叔叔时纯利送给她一份特殊的礼物。"叔叔就送我一本书——《人生楷模时传祥》，这也是告诉我，一定要把这个班接下去。我是流着眼泪看完这本书的，我好感动！我真正了解爷爷还是通过这本书。"时新春说。

时新春所在的滨南社区环卫绿化队服务着 4 000 多户、近 2 万人。最初她所在的女子环卫班，15 名女队员都曾是油田医院的护士，从"白衣天使"到"马路天使"，落差太大。时新春就带领 15 名姐妹把社区当成自己的家，在工作中慢慢地找到了成就感。

时新春说："春天风沙大，夏天雨水多，秋天落叶满地飘，冬天扫积雪。每个人一百户楼道，要每天扫一次、每周拖一次，楼道窗户每个月要擦一

次。每次打扫完卫生或者是擦完楼道，回头一看，哇！这么干净，这是我打扫出来的！有一种成就感，也更了解叔叔和爷爷当年在从事环卫工作时的那一份奉献是多么可贵。"[2]

一家三代劳模，这个平常却又不平凡的家庭，在半个多世纪的时间内都从事着艰苦的环卫工作，他们平凡而又伟大的经历证明：劳模精神根植于劳动者的心中，不因工作艰苦而动摇，不因时代发展而改变，不因岗位不同而消损。劳模精神强大的生命力和感染力使其不断被继承、发扬，并一代又一代地延续下去。

马永顺

3.3.2　劳模精神，与时俱进——林业英雄马永顺

马永顺（图 3-3-4）是中华人民共和国第一代林业工人，是中国林业战线的一面光辉旗帜。1933 年，19 岁的马永顺背井离乡，来到东北林区谋生，受尽了日本监工和林场把头的欺辱。中华人民共和国成立后，马永顺来到黑龙江省铁力市林业局，成了国有林场的林业工人，他的爱国之情油然而生，立志投身于社会主义新林区的开发建设中。当时国家百废待兴，经济建设急需大量木材，为了国家的建设，在作业环境艰苦的情况下，他和工友们喊着"下山倒""顺山倒"的劳动号子采伐树木。为了降低对木材的损耗，马永顺带头改变作业习惯，一条腿跪在地上，紧贴树根下锯。他的左腿过去受过伤，采用跪姿伐木让他的旧伤口裂开，疼痛难忍，可他总是一声不吭，咬牙坚持。一个冬天下来，马永顺采伐木材 1 200 立方米，1 个人完成 6 个人的采伐量，创造了全国林区手工伐木产量之最。

图 3-3-4
马永顺

马永顺不仅是个踏实肯干的人，还是个善于钻研

的人。他逐个试验、比较"元宝楂""月牙楂""对口楂"等10多种放树方法，总结出一种"人安全、树保险、效率高"的安全伐木法。他把大肚子锯改成弯把子锯，工效提高了3倍，这个方法很快就被推广使用。他总结创造出的"安全伐木法""四季锉锯法"被写入全国手工采伐作业教科书。

凭借坚韧不拔的精神和对伐木技术的提升，他多次被国家领导人接见。有一次，周恩来同志叮嘱马永顺："不光要伐木，还要多造林，青山常在，永续利用。"从那时起，马永顺就在伐木时想方设法做到采育结合，保护林中幼苗不受伤害。

从1960年开始，马永顺每天清晨上山，赶在正式上工前栽几棵树；中午休息时，他也抓紧多栽几棵树；傍晚收工回家前也要栽几棵树。有一次，马永顺在鹿鸣林场造林，脚下一滑掉进河里，被水冲出10多米远才游到对岸，手中装满树苗的麻袋却始终没撒手。1960年，全国遭受自然灾害，粮食短缺，马永顺上山没有带干粮，妻子王继荣就给他带些煮熟的土豆。他除了白天在深山伐木外，还起早贪黑栽树，时间一长，马永顺的胃病犯了，人也明显地消瘦了。场长对马永顺说："现在吃不饱，你应该注意身体，不要在业余时间栽树了。"可他忘不了周恩来同志的嘱托，仍然一有时间就栽树。马永顺算过一笔账，这么多年，他大约采伐了36 500多棵树。他暗下决心，栽树的数量一定要超过砍树的数量，就算是偿还欠这片大山的债。

马永顺就这样边砍边栽，到退休时，他估算还差8 000棵树没栽。在马永顺看来，这是他对大山的亏欠，即使退休了也要还债。之后，他带领一家三代人上山植树造林，被人称为"马家军"。马永顺把周恩来同志说的"青山常在，永续利用"当作座右铭，他说："为了祖国建设，我采伐了36 500多棵树，如今我已栽上了50 000多棵树，虽然育大于伐，但只要还有一口气，我就要继续上山栽树，为实现当年周总理的嘱托而竭尽全力。"

1998年6月，马永顺荣获联合国颁发的全球环保500佳荣誉称号；1999年，他被授予全国五一劳动奖章；2009年，他被中华全国总工会授予

"时代领跑者——中华人民共和国成立 60 年最具影响的劳动模范"荣誉称号。

当国家建设需要木材时，马永顺是全国著名的伐木劳模；当国家需要保护生态环境时，他又成为远近闻名的植树英雄。从"下山倒""顺山倒"的伐木口号，到"刨大坑、栽当中、不窝根、踩结实、不透风"的植树秘诀，马永顺将自己的命运与大山紧紧地联系在一起，将自己的事业与时代发展紧紧地联系在一起，为绿化祖国、整治山河的伟大事业做出了杰出的贡献。

袁隆平

3.3.3 劳模精神，开拓创新——杂交水稻之父袁隆平

拥有十四亿人口的中国，不仅是粮食生产大国，还是粮食进口大国。提到粮食问题，大家首先就会想到袁隆平（图 3-3-5）先生。

袁隆平生于 1930 年，他在战火中度过了苦难的童年生活，为了摆脱饥荒，他立志成为一名农业科学家。1953 年，袁隆平从西南农学院（现为西南大学）农学系毕业，被分配到湖南安江农校（现为怀化职业技术学院）任教。20 世纪 60 年代，国家遭遇严重的自然灾害，有人因为饥饿失去了生命，这使他的内心受到了极大的触动。为了让悲剧不再重演，袁隆平饿着肚子研究"月光花"红薯，第一年他就有了不错的收成，然而身边的农民并没有为之欢呼雀跃，因为红薯是杂粮，吃多了会不舒服，这使他认识到高产水稻的重要性，于是便一头扎进了水稻的研究之中。

他利用业余时间，在无数水稻类型中筛选具有优异性状的品种，并尝试杂交水稻培育。水稻

图 3-3-5
袁隆平

作为雌雄同体、自体繁殖的植物，很难和其他水稻自然杂交，如果人工对每一株水稻实施除蕊，那工作将变得烦琐复杂。于是，袁隆平开始不知疲倦地寻找雄性不育株。在逐个检查了成千上万株水稻之后，他发现了 6 株不育株，并将其中 4 株繁殖成功，这彻底改变了农学家对水稻的认知，颠覆了无性杂交学说。

为加快研究进程，袁隆平带领科研小组每年秋冬季节到云南、海南等地进行水稻繁殖。但是，经过四年多的"南征北战"，他碰到了与国外同行同样的问题：基本上培育出了"三系"，但不能投入生产。主要原因有两个：一是不育系的不育率只有 70% 左右，无法培育出高纯度的杂交种子；二是杂交优势不明显。这就像唐僧西天取经，师徒一行经过十万八千里到了西天，却没有取得真经。不惑之年的袁隆平沉入深思，他认为"三系"的研究路线应该没有问题，问题可能出在研究所用的材料上。回想这几年，育种材料全部是栽培稻，国外研究杂交稻也没有跳出常规稻的圈子。马和驴杂交能生出优势较强的骡子，是因为马和驴的种性差异较大，亲缘关系较远。研究所用的材料都是栽培的常规稻，种性差异不大，亲缘关系太近，这样没有明显的杂交优势，也选育不出 100% 的雄性不育系。安江地处雪峰山区，有一定的旱稻和野生稻资源，那些天然杂交稻株说不定是某种野生稻与栽培稻串粉杂交的结果。于是，袁隆平决定从野生稻中搜寻雄性不育株。

自然界野生稻极少，要到野生稻中寻找天然变异不育株更如大海捞针一般。袁隆平安排助手李必湖、尹华奇把海南作为出征的第一站。也许是天降良缘，一到海南没费太多工夫，李必湖就在南红农场的农民技术员冯克珊的指点下，在铁路水坑边找到一片野生稻，正好又值野稻开花之时，李必湖不到 20 分钟便从中找到一株有三个分蘖的雄性变异株。袁隆平反复辨认，确认这是一株典型的雄花败育野生稻，他欣喜若狂，当即将它命名为"野败"。这一发现打破了世界杂交水稻研究徘徊不前的局面，为中国的杂交水稻研究铺平了道路。1974 年，袁隆平在海南培育出世界上第一个强优势杂交组合"南优二号"，该品种在安江农校试种时亩产高达 628 公斤。袁隆平从 1964

年开始杂交水稻研究至此已整整十年，十年磨一剑，他用事实向世界宣布：中国"三系"法杂交水稻正式研究成功！

但袁隆平并没有停下脚步，在之后的岁月里，他继续开展杂交水稻研究，于 2000 年、2004 年、2012 年分别实现中国超级稻百亩示范片亩产 700 千克、800 千克、900 千克的第一期、第二期、第三期目标。2013 年，他启动了百亩示范片亩产 1 000 千克的超级杂交稻第四期目标攻关，实施超级杂交稻"种三产四"丰产工程，促进科技成果的生产应用。2020 年 11 月 2 日，在湖南省衡阳市衡南县清竹村，袁隆平领衔培育的杂交水稻双季测产亩产高达 1 530.76 千克，为粮食持续稳定增产做出了新的贡献。

袁隆平终其一生都在为保障国家粮食安全而努力，寻求挑战和不断创新的作风使他突破各种瓶颈，一次次创造水稻亩产纪录。作为劳动模范，他的开拓精神和科学信念将继续带领更多的劳动者在科技创新的道路上坚定前行。

小结

劳模是劳动模范的简称，是我国对优秀劳动者的荣誉称号。劳模通过审核产生，现已成为制度化的工作。建立劳模表彰制度的目的，是通过树立典型、榜样、标杆，感召全体劳动者立足本职工作，在平凡的岗位创建不平凡的业绩，在不平凡的岗位创造非凡的成就，把成为优秀劳动者作为职业生涯的奋斗目标。在学习中，深刻理解劳模的特质，领悟爱岗敬业、争创一流、艰苦奋斗、勇于创新、淡泊名利、甘于奉献的劳模精神。要清醒地认识到，劳模精神并非高不可攀，要将生活和工作中的小事作为培养劳模精神的实践途径，在向优秀劳动者学习的同时锻炼个人能力、践行劳模精神。职业院校的学生作为高素质技术技能人才的主力军，应以高标准严格要求自我，有一颗成为劳模的心，只有做到眼前有标杆、心中有梦想，才会让自己的职业发展之路越走越顺、越走越宽。

思考题

1. 有人说，成为劳模只是一种遥远的梦想，树立劳模精神是劳模们该做的事。对此你是怎么理解的？

2. 劳模精神在当代社会有什么意义？你认为新时代的劳模还应该具备什么样的特质？请举例说明。

3. 某明星在炎炎烈日下坚持工作、录制节目，他的粉丝见此场景直呼"好敬业啊！"。对此，你怎么看？

阅读研讨

李登海：杂交玉米之父

在中国种植业界有"南袁北李"的说法，"袁"是指蜚声海内的袁隆平，"李"则是指中国紧凑型杂交玉米之父李登海，他是玉米杂交领域的"农民发明家"。

1968 年，李登海初中毕业后回到他的家乡后邓村，这里地处莱州湾畔的平原地带，一直是粮食集中产区。可受历史和人为原因影响，粮食产量一直很低。回乡后，李登海决心用自己的知识改变低产的局面，从此与科学种田结下了不解之缘。

自 1972 年担任村农科队队长开始，李登海就走上了玉米育种和高产栽培研究之路。仅有初中文化的他，用别人几倍的时间和精力，向书本学习、向内行人学习、向实践学习，迅速弥补基础理论的"先天不足"。38 年间，李登海始终身处科研一线，为了事业，他远离家乡、远离亲人，连续 29 个春节在海南搞加代育种。他凭着坚强的意志和超强的毅力，克服孤寂、高温、蚊叮虫咬和疾病煎熬，在农科队解散、科研条件简陋的困难条件下坚持潜心育种，矢志不移，取得了优异的成绩。

李登海越过平展型玉米的模式障碍，提出了"紧凑株型＋高配合力"的崭新玉米育种理论。1979 年，他创造我国夏玉米单产亩产 776.6 千克的最高纪录，之后连续 7 次创造和刷新我国夏玉米高产纪录，并创造亩产 1 402.86 千克的世界夏玉米高产纪录。他以一年 3 ~ 4 代的育种速度选育出 100 多个紧凑型玉米杂交种，其中 51 个通过国家级、省级审定，获得 11 项发明专利和 43 项植物新品种权。

此外，李登海还积极推动科技成果转化，他每年都无偿将试验示范种子送全国几百个科研单位。据不完全统计，全国由登海系列自交系或衍生系组培育成的玉米杂交种达到 200 多个，至 2008 年，在生产上推广面积已达 12 多亿亩，增产玉米 1 000 多亿公斤，创造经济效益 1 000 多亿元。

李登海积极响应国家号召，参与西部大开发，先后在宁夏、新疆、甘肃、内蒙古等地投资近亿元建立玉米生产基地和加工中心，促进近四万户农民就业，带动当地农民致富。他建设了玉米良种、蔬菜良种、小麦良种、花卉栽培等六大培训基地，广泛开展大规模科技培训，基地每年培训农村群众达 2 万多人次，直接带动 5 万多农户增收[3]。2015 年，李登海获得全国"时代楷模"荣誉称号。

在世界玉米栽培史上，有档案记载的只有两个人：一个是美国先锋种子公司的创始人华莱士，他是世界春玉米高产纪录的保持者；另一个就是中国的李登海，他是世界夏玉米高产纪录的保持者。由于李登海在玉米杂交方面取得的巨大成就，他创办的登海种业集团有限公司也不断发展壮大，李登海成了名副其实的企业家。2020 年胡润百富榜显示，李登海的财富为 100 亿元，排中国富豪榜第 594 位，是中国最富有的农民。

但是李登海所做的一切并不只是为了增加自己的收入，他曾经说过，高产玉米的研发不能没有资金。在种子研发科技上，登海种业的花费多达十亿元，是全国在该领域投入最大的企业。李登海曾经说过，自己的企业始终把科技创新放在首位，培育出越来越优质的新型玉米品种，为国家增加收益才是他毕生的追求。

1. 李登海身上体现了哪些劳模特质？

2. 请你谈一谈科研劳模与生产劳模的不同点和共同点。

3. 你认为李登海的"劳模"身份和"最富有的农民"身份是否冲突？劳动模范是否可以取得较高的经济回报？

文献索引

［1］李宗芮，包国光 . 我国"劳模"的起源、意义和早期的评选制度［J］. 劳动文化研究，2019–05.

［2］中国广播网 . 环卫世家 三代劳模 .

［3］央视网 . 全国敬业奉献模范：候选人李登海事迹 .

课后实践训练：评选班级劳模

- ### 活动目标

    通过评选活动，加深对劳模精神的理解，激励自己向身边的劳模学习，树立追赶劳模的人生理想。

- ### 活动道具

    选票、签字笔等。

- ### 活动过程

    结合同学们在参加日常生活管理、校园环境创设、社会公益服务、实习实训等劳动实践活动中的表现和劳模的精神特质，投票评选出三位"班级劳模"，并请获得此项荣誉的同学在班级内进行分享交流。

- ### 活动体会

    对比身边的"班级劳模"，你自己身上有哪些不足？哪位"班级劳模"让你印象最深？你对"普通人身上也蕴含着劳模精神"是如何理解的？活动结束后填写并提交"实践训练卡3"。

活动名称		
活动目标		
小组名称		参与人	
活动道具		
活动过程		
活动体会		

实践训练卡

专题四

大国工匠

他们从远古走来，历经石器时代、青铜器时代、铁器时代、蒸汽时代、电气时代，直到今天，他们仍以工艺为技、以实用为道锲而不舍地前行。他们以追求卓越为人生目标，在工作中专注执着、一丝不苟、精益求精，为世界留下了无数物质遗产和精神财富，他们就是劳动者中最优秀的群体——工匠。

产品常有而精品不常有，工人常有而工匠不常有。在社会的发展进程中，工艺由粗陋走向细致，产品从普通发展为特殊，工匠日渐成为先进生产力的主力军。无论哪一国、哪一历史时期的工匠都是推动人类文明向前发展的英雄。当今，为实现中华民族伟大复兴中国梦而涌现出一批优秀劳动者，他们以天工之巧和匠人之心成为新时代的大国工匠，其创造的业绩及展现出的精神永远为人们所景仰。

关键词

工匠文化　　　　　　工匠精神

工匠代表　　　　　　职业教育与工匠培养

学习目标

1. 了解工匠的含义及产生的背景
2. 掌握工匠的精神内涵以及实践途径
3. 理解工匠对中国制造业的重要作用
4. 了解德国、美国、日本的工匠文化特质

重点与难点

1. 中国工匠文化的特质（重点）
2. 工匠对人类发展的重要意义（重点）
3. 职业教育对培养工匠的重要作用（重点）
4. "鲁班工坊"与工程实践创新项目（难点）

课前热身活动：填写工匠成就值清单

- ## 活动内容

  每位同学填写一份"工匠成就值清单"，阐述一下你对工匠的理解。

- ## 活动过程

  每位同学有 7 000 个能量币，请根据你对工匠的理解，将自己的能量币分配到不同的选项中，确立自己心目中的工匠形象。老师将全班同学的投放结果进行汇总分析，根据大家更注重的工匠特质，展开本专题的学习。

序号	工匠特质	能量币
1	全身心投入自己热爱的事业	
2	在工作中能做到专注执着	
3	不在乎别人的冷嘲热讽	
4	具备精益求精的精神	
5	严格要求自我，追求卓越	
6	能做到淡泊名利	
7	具备人无我有的创新意识	

- ## 活动思考

  1. 你这样分配的理由是什么？
  2. 你认为工匠和劳模最主要的差别是什么？
  3. 你怎样看待工匠的社会价值和影响？

4.1 工匠由来

工匠的产生

4.1.1 工匠的产生

在 2020 年 11 月 24 日举办的全国劳动模范和先进工作者表彰大会上，习近平总书记强调，要"激励更多劳动者特别是青年人走技能成才、技能报国之路，培养更多高技能人才和大国工匠"。只有理解了什么是工匠，才有可能成为一名以技报国的优秀劳动者。

一、工匠的含义

工匠是指专注于某一领域，能够运用一技之长，专门从事某种工作，并具有鲜明精神品格的劳动者。工匠作为各个历史时期的优秀劳动者代表，在促进人类进步和发展的进程中发挥了重要作用。

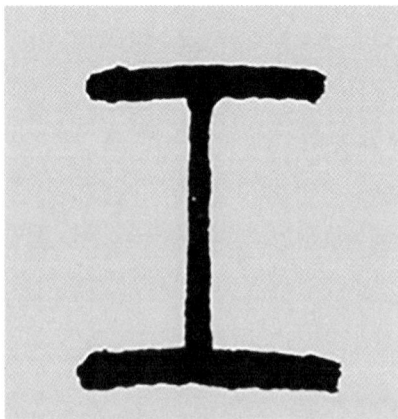

图 4-1-1
甲骨文中的"工"字

在中国，"工"字最早见于甲骨文（图 4-1-1），《说文解字》指出："工，巧饰也，象人有规榘也。""工"的本义是指像古代画直角或方形的工具曲尺，后引申为擅长技巧的人。早期"工"字还有官吏、职事等含义，是由工匠义或工程义引申得来的。这说明古代社会中的"工"是心灵手巧、有一定技术的人。

"匠"的外框是"匚"，本义是指古代一种盛放东西的方形器物；"斤"字（图 4-1-2）上有横刃，下有曲柄，字形像曲柄的斧头，后来用"斤"做意符的字多与斧有关。将"斤"容纳在"匚"中，即为"匠"。"匠"最初是指持木工箱和斧头的木工，后来则泛指有专门技术的工人，如木匠、铁匠、陶匠、泥瓦匠等。

图 4-1-2
象形字"斤"

工匠亦称手工艺人或匠人，古时被称为"百工"。《周礼·考工记》中对"百工"有如下记载：一是"国有六职，百工与居一焉。"即当时的社会阶层分为"王公、士大夫、百工、商旅、农夫、妇功"六大类，"百工"是其中之一；二是"审曲面势，以饬五材，以辨民器，谓之百工。"表明"百工"能够审查原始材料的曲直、势态，然后根据实际情况处理材料，将其加工成百姓所需的各种器物。

英文 Craftsman 意为工匠、技工和手艺人。"craft"一词在古英语和日耳曼语中最初的意义是"力量、强健"，后来逐渐引申为"工艺、技术"等。这说明世界上早有关于"工匠"的文字记载。

二、工匠产生的原因

原始社会末期出现的第二次社会大分工为工匠的产生奠定了基础，手工业劳动者从普通劳动者中分化出来，成为专门从事工艺应用和器物制造的人，他们代表原始社会末期最先进的生产力。在劳动的过程中，他们通过不断提高工艺水平和产品质量推动着社会的发展。

提高人类的生存水平　在原始社会，人们的职责和生产分工并不明确。

随着对外部世界的探索和改造，他们开始实行简单的分工，擅长打猎的人就去打猎，擅长建造巢穴的人就盖房子，擅长烤制食物的人就做饭，这极大地提高了人类的生存能力，同时这也促进了早期工匠的产生。考古证明，木器、石器、骨器、角器、陶器等一系列生活用品的制作与应用都体现着早期人类技术的发展。

适应人类的发展需要　随着生产力的发展和社会的进步，人类产生了提高生活质量的需要，对精美工艺品、艺术品的需求逐渐增加。正因如此，劳动分工更加细化，高水平手工业者不断改善自己的工艺、雕琢自己的产品，用执着与坚持追求完美和极致，以适应人类更高层次的需要，这是工匠产生的另一个重要原因。

先秦时期不仅产生了诸子百家，也为工匠的发展提供了平台。这些古代工匠专注于各自领域，在实践中不断积累经验，从工艺技术到表现形式都日臻成熟，制作的物品巧夺天工，并以自身实践推动生产力的发展与进步[1]。这一时期的杰出工匠被后世尊为各行业的祖师。

4.1.2　工匠代表——鲁班

鲁班

说到工匠，中国人一定会想起鲁班。《墨子·公输》中有"公输子削竹木以为鹊，成而飞之，三日不下"的表述，东汉经学家赵岐在给《孟子·离娄上》中的"公输子"作注时，明确写道"公输子，鲁班，鲁之巧人也"。据考证，鲁班是春秋末期鲁国人，复姓公输，名般，人称公输盘、班输、鲁般，尊称公输子。因为他是鲁国人，"般"和"班"是通假字，所以人们惯称"鲁班"（图4-1-3）。

鲁班被尊称为"巧圣""百工祖师"。他出身于工匠世家，从小就跟随家人参与土木工程建设，逐渐掌握了建造技能，积累了丰富的经验，进而发明出木工师傅用的工具，如钻、铲子、刨子、曲尺、墨斗等，被木工、石工、泥瓦匠、建筑师尊为"祖师"。他一生奇巧发明众多，堪称是我国古代工匠的集大成者，人们将其发明创造的故事世代传颂，鲁班的名字已成为古代劳动人民智慧的象征。

图 4-1-3
工匠始祖鲁班

一、精湛的技艺，以完美为重

相传鲁班来到吴国姑苏城时看到一座高高耸立着的宝塔，但这座塔不管横着看还是竖着看总是倾斜的。经过测量，宝塔倾斜近十度。鲁班绕着宝塔仔细瞧了瞧，对大家说："给我找点木料来，用不了一个月我就可以把它扶正！"随后，鲁班将木工扛来的木料砍成许多斜面小木楔，从倾斜的一面一块一块地往里敲，慢慢地，倾斜的一侧被抬高了。就这样，鲁班起早贪黑地干了半个多月，宝塔果然不再倾斜了。

人们问鲁班是如何做到的？鲁班答道："由于斜塔是木质的，属于穿斗结构，各部件之间的拉扯比较结实，能形成一个有机整体。而木楔是斜面的，比较容易往里敲打，具有'四两拨千斤'的作用，敲打进去的木楔可以抬高塔的倾斜面的高度，使塔不再倾斜。"

这就是真正具有精湛技艺的工匠，凭一己之力"挽狂澜于既倒，扶大厦之将倾"。

二、奇巧的发明，以创新为魂

鲁班建造宫殿需要很多大木料，由于工期很紧，徒弟们每天都上山砍伐木材。但当时砍树全靠斧子，一天砍不了几棵，效率实在是太低。鲁班很着急，就亲自上山察看。上山的路很陡，鲁班就抓着树根和杂草一步一步往上爬。突然，他的手被一种野草划破了。鲁班仔细一看，发现草的两边有许多小细齿，他的手就是被这些小细齿划破的。鲁班脑中灵光一闪，他想：如果用铁打造一件有齿的工具，在树上来回拉扯，不是比用斧子砍要快得多吗？于是他马上回去加工制作，拿到山上一试，果然又快又省力。就这样，鲁班发明了锯。

从此以后，锯就成为木匠的得力工具，后来又被老百姓们广泛使用。正是因为鲁班仔细观察生活，对生活中的小事有深入思考的意识和刻苦钻研的精神，才能有创造性的发明。

三、技术的改进，以效率为先

传说石磨也是鲁班发明的，在汉代《世本八种》中有"公输作磨"的记载。鲁班将两块比较坚硬的圆石各凿出密布的浅槽，并将其合在一起，用人力或畜力使它转动，这样就能把谷物磨成粉了。这就是我们所说的磨。而在这之前，人们加工粮食是把谷物放在石臼里用杵舂捣，而磨的发明是把杵的上下运动变为旋转运动，使杵臼的间歇工作变成连续工作，这从根本上改变了人们加工粮食的方式。传说鲁班后来又发明了碾子。这些加工机械在当时都是很先进的，它们大大减轻了劳动强度，提高了生产效率，这是古代粮食加工工具的一大进步。

四、利民的抱负，以实用为本

鲁班看到百姓在夏天经常遇到炎炎烈日或滂沱大雨，为解决这个问题，鲁班设计了一种顶是尖尖的、四面用几根柱子支撑的亭子，下雨的时候，或是被太阳晒得难受的时候，行人可以躲一躲、歇一歇。

亭子虽然可以躲雨，但它是固定的，如果下大雨，人们不能总躲在亭子里不走；如果是雷阵雨，那大家可能还没有走到亭子就被淋湿了。要是能把亭子做得很小，让大家带在身上，那该多好啊！有一天，他看到很多小孩在池塘边玩耍的时候顶着荷叶遮太阳，他仔细观察荷叶，发现荷叶圆圆的，里面有丝丝叶脉，于是来了灵感，他赶快跑回家，找了一根竹子，将其劈成许多细条，照着荷叶的样子扎了骨架；又找来一块羊皮，把它剪成圆形蒙在竹架子上，再把手柄装上，"伞"就这样诞生了！后来，在妻子的建议下，鲁班又将骨架改成可以活动的，需要时可以撑开，不需要时就把它收拢。鲁班用他的手艺服务乡邻、造福四方，极大地方便了人们的生活，提高了大家的生活质量[2]。

4.1.3　工匠对人类文明发展的意义

工匠对人类文明发展的意义

追溯历史轨迹，依托考古发现，我们了解到工匠是人类从采集时代进入农耕文明的重要推动者。工匠既要"造物"，以弥补自然的缺失；又要"制器"，以满足人们日常生活及相关物质需求；更要"装饰"，以满足人类对美的精神需求；还要在劳动过程中实现"立德"，形成工匠的集体人格，对推动人类文明的发展做出突出贡献。

一、工匠的道技实现了人类对美好生活的追求

工匠的道技指的是以规律为道、以手艺为技的精神特质。在传统手工业时期，工匠的"道技"渗透在日常生活中，影响着人们的吃穿用行，工匠造物注重实用，石器、陶器的制作首先要满足获取食物、储存食物的生存需要，随后，工匠开始注重造物过程中的道技合一。例如，上古有巢氏

观察鸟类在树上的筑巢方式，教会了大家在树上巢居的方法；黄帝看见蓬草随风滚动，产生了发明车轮的创意；美国莱特兄弟仿飞鸟之象发明了飞机。工匠的道和技影响着人们对于物品工艺水平、实用价值和审美价值的判断，工匠在由技入道、道技合一的过程中实现了人类对美好生活的不断追求。

二、工匠的操守形成了优秀劳动者的集体人格

工匠的操守是工匠身上一代代传承下来的文化特质和道德精神[3]。"如切如磋，如琢如磨"反映了工匠精雕细琢、追求完美的工作态度。《庄子》中庖丁解牛、匠石运斧、老汉粘蝉等生动事例不仅体现了他们鬼斧神工的高超技艺，更是体现了他们高尚的德性。从根本上说，工匠的操守就是一种伦理道德精神。从德性论的层面而言，人的一切行为源于内在的品格。对完美的追求、精益求精的态度以及持之以恒的探索创新都是内在德性的体现。从道德的角度出发，每个人都应当追求德性，过一种有德性的生活。坚守质量品质，注重打造精品，把产品的好坏看作是自己人格和荣誉的象征，这样才能成为一个具有优美德性、始终追求卓越的人。

自古以来，我国工匠秉持着崇德尚贤、德艺兼修的操守，形成了砥砺技艺、修身养性的专业职责与精神追求，这也渐渐成了我国优秀劳动者的集体人格。

三、工匠的创造推动了人类的进步发展

在中华民族五千年的历史长河中，既有鲁班、伊尹这样的圣祖与大师，更有无数无名工匠建造了故宫、万里长城、秦兵马俑等世界奇观，工匠的血脉得以延续和传承。从石器时代、铜器时代、铁器时代、蒸汽时代、电气时

代，直至信息化时代，在每个历史发展阶段，都有代表性的工艺技术与发明应用，它们化身为一个个历史符号，在人类文明史上具有里程碑式的意义，从而深刻地影响了人类的物质生活、精神生活，极大地推动了世界的科学进步和文化发展。

4.2 工匠精神

4.2.1 执着专注

执着专注

一、执着专注的精神内涵

对于执着专注的理解，我们可以追溯到"子学时代"。孟子认为："今夫弈之为数，小数也。不专心致志，则不得也。"此后，荀子对孟子的观点进行了延伸，荀子指出："锲而不舍，金石可镂。"意思是说：只要坚持用刀刻，就算是金属、玉石等坚硬的东西也可以雕出花饰。现引申为只要坚持不懈地努力，即使再难的事情也可以做到。这是传统文化中对执着专注的阐释。

执着专注是优秀工匠的必备品质，确切地讲，就是锁定你认准的目标，有恒心、有毅力、坚持不懈地做一件事，永不放弃。它体现为行为主体同工作对象融为一体，一心一意地从事某项工作（图 4-2-1）。

执着专注对我们未来的工作有着重要意义。一个人只有专注才能对事物形成深入的了解，才能聚精会神地去做一件事；一个人只有全身心地投入某一工作才能使工作效率更高，使产品质量更有保障。在步入工作岗位后，我们会长期从事某一类型的工作，如果缺乏执着专注的精神，

图 4-2-1
做精、做细、做专、做实

工作就很难常态化、持久化发展。我们需要通过专注来提升工作效率，坚守工作岗位，进而实现自我的提升和职业的发展。

二、培养执着专注的品质

工作全情投入　全情投入是指带有情感地全身心投入工作中，当你全情投入、愿意在某件事上付出热情和精力时，你才有可能做到极致。全情投入的关键是对本职工作的热爱，有韧劲和迎难而上的勇气。这是一个人对工作的坚守、对事业的执着。选定目标后有一种"咬定青山不放松，立根原在破岩中"的毅力，在坚持中沉淀自己、反思自己也是成为工匠的内在动力。就像航天人李峰一样，每当他走上铣台，抚摸着熟悉的刀具，他就陷入了痴迷状态，忘记了时间。就这样，李峰全情投入工作27年，几乎没有节假日，默默地为我国航天事业的发展做出贡献。

初入职场的我们面临全新的环境时难免会感到陌生、产生担忧，只要在工作中积极主动、全情投入，就能够快速适应环境，为日后从事更复杂的工作打下良好的基础。

做事坚持不懈　坚持不懈是一种精神品质，可以培养良好的行为习惯，习惯一旦养成就会成为一种惯性，促使我们不由自主地按照某种模式思考和行动。

坚持不懈就是做事坚韧不拔、持之以恒，它体现了一种执着的工作态度和积极的工作习惯。"80后"全国劳模杨普之所以能成为中华技能大奖的获得者，就是从苦练接线头这项基本功做起，别人练1小时，她就练3小时，功夫不负有心人，不到20岁时她的技术就在国内同行中首屈一指，成了一位名副其实的"织布工匠"。只要功夫深，铁杵磨成针。把坚持作为一种习惯，是对自己心性的考验，也是对自己初心的考量，它是工匠所必须具备的素养，更是工匠职业精神的体现。

在工作和生活中，能够迈出第一步的人或许很多，可能坚持把这段路走完的人却很少，但只有走到最后的人才能成功。在步入工作岗位后，我们要锁定心中的目标，把坚持作为一种习惯，找到并享受工作本身的乐趣，这样做事也会轻松很多。

案例解析　　　秦世俊：数控铣工专家

秦世俊是中国航空工业哈尔滨飞机工业集团数控铣工高级技师、最年轻的首席技能专家。在参加工作的 18 年间，他累计完成 28 年的工作量，实现 715 项技术创新和产品改革，为公司节约成本 700 余万元，创造经济效益 400 多万元，先后获得全国五一劳动奖章、全国技术能手、全国最美职工等荣誉称号。

秦世俊从普通铣床练起，在实践中体会铣削加工的要领。熟练后，他转战数控机床，从零件装夹、机床操作等基础知识开始学起。为尽快提高技能，他经常下班后继续留在单位向夜班师傅学习。有一年，为解决直 -9 直升机上起落架外筒腹板零件需要手动加工、效率低、质量不稳定、劳动强度大的难题，秦世俊尝试通过编程绘制加工路线，实现数字化一体化加工。反复实验和改进后终于成功，生产效率提高了 8 倍，零件的一次交检合格率达到 100%。秦世俊信奉精品与废品的距离只有 0.01 毫米，只有专注于此，才能不受外部因素的干扰和影响，才能保证加工质量，也只有这样才能完善自己、提高自己。

从模具钳工专业毕业的秦世俊被分配到数控铣工岗位，由于专业不对口，刚毕业时他也曾有过彷徨，在师傅和父亲的共同鼓励下，他坚定了做一名数控铣工的决心。为尽快提高技能，他经常利用业余时间钻研数控技术，专业书籍读了十几本，学习笔记堆起来有半米多高。秦世俊这种坚韧的精神使他练就了过硬的技术，车间里遇到精度要求高、加工难度大、时间节点紧的关键零部件加工，他总会迎难而上，一次又一次完美地完成任务。

4.2.2　精益求精

精益求精

一、精益求精的精神内涵

精益求精出自宋代朱熹为《论语·学而》所做的注释："言治骨角者，既切之而复磋之；治玉石者，既琢之而复磨之；治之已精，而益求其精也。"意思是说，在加工兽骨兽角时，既要切割，还要把断面打磨平滑；加工玉石时，雕琢出形状后还要打磨细腻。工作已经做得很好了，还要做得更好。精益求精体现了工匠精雕细琢、追求完美的心态。秉承这种心态，工匠才能进行技术和思维上的革新，从而使作品呈现出一种全新的形态。精益求精是工匠对于加工水平的不满足，而这种不满足也成为工匠进行改造、创新的动力。

精益求精是工匠必备的劳动态度，体现了"人有我优"的人生追求，它可以促进行为主体改变一些惰性习惯，如"差不多精神"，进而树立起对职业的敬畏、对工作的执着、对产品的责任心，这使得工匠有别于普通劳动者。有了这种价值观才能在工作中细致入微，才能将产品打磨得越来越好。

二、秉持精益求精的态度

认真做好小事　不积跬步，无以至千里；不积小流，无以成江海。任何事情都要从细微之处着手，只有认真对待小事才能成就大事。倘若心浮气躁，就会出现"小事做不好，大事做不了"的情况。坚持、耐得住寂寞、做好平凡小事，这是成功之路的开始。鹿新弟就是从研究发动机做起，慢慢摸索，最终攻克了柴油机性能调试困难的世界性技术难题，而他本人也从一名普通工人成长为技能大师。

初入职场，我们要从最基础的岗位做起，不要因为事情简单就随意对待，基础工作看起来微不足道，但可以潜移默化地锻炼工作能力、促进我们养成良好习惯，而这些能力和习惯为将来做大事打下了良好基础。只有注重每个细节，坚守本分，从拧紧每个螺丝钉做起，才能实现高质量、高效率地发展。

尽力做到极致　极致不是最终的结果，也不是事物发展的终点，它代表着更好的质量、更优的品质、更高的境界、更完美的事物，是工匠心中更高的目标、更理想的状态。尽力做到极致的过程，就是从 99% 到 99.9% 再到 99.99% 的过程，就是追求"没有最好，只有更好"的过程，这就是精益求精的最高境界。沈阳鼓风机集团有限公司齿轮压缩机公司高级技师徐强每天的工作就是与巨大而精细的齿轮打交道。有一次，客户要求加工一批大型齿轮，设计精度是 5 级。齿轮的加工精度共分为 12 个级别，在实际操作中，大型齿轮要达到 5 级精度，难度是相当大的。徐强在操作过程中，一直告诫自己要细心再细心，他知道，稍一疏忽就会使齿轮报废，企业的信誉也随之丧失。最终，在徐强的精准操作下，加工的齿轮不仅满足了客户的要求，而且精度达到了 4 级，创造了全国大型齿轮加工的精度之最！完美没有上限，对完美的不断追求则是工匠追求的上限。

作为职业院校的学生，在今后的职业生涯中，要想从一名普通的劳动者成长为一名工匠，我们需要在工作中积极进取，不断提升自己的技能、不断超越自己，不要安于平庸，要做一个完美主义者，尽力做到极致。

案例解析　　　　　　　　　　张伟：新时代的铁路榜样

张伟是中国铁路北京局集团有限公司天津机务段检修车间的业务指导，曾获全国劳动模范、全国五一劳动奖章、全国技术能手、火车头奖章、全国铁路青年科技创新奖等荣誉。

2000年8月，张伟从湖南株洲铁路电机学校毕业后来到天津机务段检修车间内电组，职业院校有自己的实习工厂，张伟一看到电路板和各种模型就两眼放光，正是在实践中反复操作和练习，给后来的工作打下了坚实的基础。

刚上班时，张伟做牵引电机检测、更换电机碳刷等基础工作。为了摸清牵引电机的结构，他白天下地沟跟着师傅学本领，经常一干就是几个小时。为了强化学习效果，转子、定子、接线、碳刷……他将各个部件都绘制成简易图，便于休息时熟记。

那几年，车间、段里只要举办技术比武，张伟就踊跃报名，他就是想在技术比武中向经验丰富的师傅学习更加精湛的技术。300多种、1 000多个型号的机车电器配件要想学精学透必须付出比常人更多的努力。

2014年6月，他被选拔参加第四届全国铁道行业职业技能大赛。为了迎战这次高规格的比赛，他每天扎进机车内，冒着近50℃的高温一练就是几个小时。每次从机车里出来，他都浑身湿透，身上的衣服能拧出水来。最终他取得了第三名的优异成绩，并获得全国技术能手、火车头奖章等荣誉。

如今，张伟在段内主动当起兼职教师，他把自己掌握的技术传授给身边的青年职工，给他们讲解技术要领和操作方法，帮助他们在工作中快速成长。

火车安全行，全凭技能精。任何一项事业都需要长时间地做一些基础性工作，只有平时勤学苦练，把基础性工作做深做透，真正做到干一行、爱一行、精一行，才能成为行家里手。我们只有对职业有充分的认同感，凡事秉持着精益求精的态度，才能在事业上实现质的飞越。

4.2.3　一丝不苟

一丝不苟

一、一丝不苟的精神内涵

一丝不苟是指不能与标准有丝毫差距的工作态度，对现代工匠而言，一丝不苟要求劳动过程和劳动结果完全符合事先设定的标准，不能有丝毫的将就。"一丝不苟"的核心要素是"标准"，就是说要以客观条件（标准）限定主体的行为，而非以主体的主观意志判断事物的状态。

对于工匠而言，既要以一丝不苟的精神执行工艺标准，更要在道德上做到一丝不苟，这是每一个工匠提升精神境界、提高道德修为的必然要求。

一丝不苟既是工匠的基本素养，更是产品的品质保障。衡量产品是否合格的依据是标准，只有做到一丝不苟，才能使产品符合生产标准。一名工匠是否合格，主要取决于其是否能生产出合格的产品。标准越高，所需的能力和技艺也越强，工匠就越优秀。

二、恪守一丝不苟的要求

做到诚意正心　诚意正心，即有做好工作的主观意愿和端正的心态。如果一个人缺乏良好的意愿和心态，在工作中只是点卯撞钟、缺乏主观能动性和内驱力，对工作表现出厌烦情绪和应付的态度，是很难做到一丝不苟并有所成就的。曾经有人做过统计，如果一个产品的工艺有 5 道程序，每道程序都以 90% 作为标准，最终结果是只达到了 90% 的 5 次方，约等于 59% 的标准。看似不错的标准，最后居然连及格线都达不到。因此对于标准的执行要诚意正心，克服"差不多"的思想。

作为职业院校的学生，在校期间就要开始规划自己的职业生涯，明确职业目标和人生理想，主动了解职业、行业动态，通过实践课程、企业实习发现与自身发展意愿相匹配的职业和岗位。就业后，要从微观上摆正职业发展和一时个人得失的关系，在宏观上认识到自身所做的工作对社会的价值，并根据产业、行业发展的时代特点不断调整个人的发展方向，使个人价值与社会价值相统一。

磨炼过硬本领　磨炼过硬本领首先要强化对专业知识的学习，掌握了足够的知识才能对标准有准确的认识、理解标准的重要性、把握标准的适用性。王贤洲自 2010 年进入海纳科技公司以来，他始终注重学习业务知识，刻苦钻研支架维修技术。他没有经验，只能从最基础的工作做起。没有图纸，他就向技术人员索要；不知道从哪儿下手，他就虚心向老师傅请教；不知道管路原理，他就拿着书本、对着图纸，一遍遍地研究。凭借着弄不明白决不罢休的韧劲，他很快就熟练掌握了液压支架的操作技能，搞清了结构原理，实现了从菜鸟到技术能手的蜕变。2019 年，王贤洲代表海纳科技公司参加济宁能源发展集团职工职业技能大赛并一举夺魁，获得液压支架工"比武状元"的殊荣。

对于职业院校的学生而言，首先要特别珍惜在校的时间，充分利用系统学习理论知识的机会，为职业发展打下坚实的基础。其次是要注重锻炼个人能力，比如精细准确的动作、稳定的肌肉记忆、敏锐的神经感官、准确的判断力等，一些在特殊环境作业的岗位甚至需要体能的锻炼（图 4-2-2）。此外，还要虚心求教，勤于交流和思考，汲取他人的经验和技巧。技能的修炼是漫长的积累过程，这需要经过大量枯燥重复的练习和无数次的失败来积淀，因此，保持耐心和平常心也是提升技能水平的关键。

图 4-2-2
掌握技能乃立身
之本

案例解析　　　　　　　　　　　　　　成卫东：知识型港口码头工人

成卫东是天津港最年轻的高级技师，他曾荣获全国劳动模范、全国技术能手、全国交通运输行业文明职工标兵等众多荣誉称号，现如今已成为新一代知识型港口码头工人的代表。

刚工作时由于技术不熟，理论和实践无法有效结合，成卫东处处碰壁。他咬紧牙关，立志要成为最好的拖车司机。吃饭时，他端着饭碗把筷子放在中间比画；扫地时，他又拿着扫把来回画圈。为磨炼车技，成卫东还故意"难为自己"。他在拖车头的运行通道上做小标记障碍，人为缩小通道的宽度，以寻求最短行车路径。

在近乎疯狂的苦练之后，成卫东练成一个独门绝技——用左脚代替右脚倒车、转头的视线范围从180度扩展至270度，这个技术使生产效率大幅提升。不到一年时间，成卫东就从一个新人变成了公司的得力干将，连续3届夺得天津市港口行业职工技能大赛牵引车组冠军，成为天津港最年轻的高级技师。不仅如此，他还主动将自己所学所获毫无保留地向大家倾囊相授，培养出一批"倒车王""修车王""安全工""高产王"等王牌骨干，带出了一支响当当的团队。

2019年，成卫东被评为天津市首批"海河工匠"，并获得20万元奖金，而他则将奖金全部捐给公司用于技术创新。现在以他姓名命名的劳模创新工作室已经成为天津港基层创新创造的"最强大脑"之一，成为建设世界一流绿色智慧枢纽港口的中坚力量。

成卫东把"学最好的技术，当最好的司机，做最好的员工"作为职业目标，在工作中，他始终保持着一丝不苟的态度，经常在练习时增加操作难度，通过实干苦干练就了娴熟的驾驶技术。他能通过发动机车、踏下油门、升起鹅颈、贴耳辨声、伏地观察等一系列精准有序、行云流水的操作给一辆有故障的拖头"听音断病"，是一名名副其实的"拖车王"。正是因为他勤学苦练，以高标准要求自己，才练就这一身独门绝技。

4.2.4　追求卓越

追求卓越

一、追求卓越精神的内涵

　　追求卓越是要求自身不断追求顶尖水平的目标意识。追求卓越不是标准，而是工匠的心境，是工匠内心对完美的追求，它是将自身的优势、能力，以及所能使用的资源发挥到极致的一种状态。它体现了工匠对更先进技术的追求，更体现了工匠不断突破自我、促进个人提升的心境。

　　追求卓越是工匠发展的内在动力，是提高工作水平和工作娴熟度的必要条件。追求卓越体现了工匠的主观能动性，在工作中干出色、干到底、做出精品，只为成功想办法，不为失败找理由，志存高远，永远把达到完美状态视为自己的人生目标。

　　对于工匠来说，追求卓越是一种心态，它可以时刻警醒自己不要满足于现有的成就，而是要追求极致品质。追求卓越就是说要尽一切可能来提升自身的技术技能和产品的质量，这并不是好高骛远，而是在立足现实的基础上为之努力。伴随着生产力的发展，现代社会中人们的生活水平得到了显著提高，对产品品质的要求也随之提高。目前我国正处于从制造大国向制造强国转型的关键期，追求卓越的精神对于建设制造强国有着重要意义。

二、树立追求卓越的信念

　　练就专精技能　练就专精技能是工匠树立追求卓越信念的前提条件。清代杰出的史学家、思想家章学诚有言："业必贵其专精。"意思就是业务上要想不断进取，最重要的是深度钻研，做得炉火纯青。技能专精是工匠的重要特质，无论从事什么样的工作，工匠们对手艺都有着极致的追求，拥有领先于行业大多数从业者的手艺才会成为一名真正的工匠。王凯 2007 年从淮海工学院计算机科学与技术专业毕业后成为一名维修电工，自参加工作的第一天起，他就勤奋好学、不怕吃苦，十几年的一线工作磨炼让他练就了扎实的电修技能，获得了厂里领导和工友们的认可。工作期间，他多次包揽厂里电工类技能比武第一名，还参加了厂里 PCS7 的编程、6RA80 的调试等电气条线大修与技改，完成了落后设备的优化工作和项目改革，保障了生产稳定。

　　由此可见，想要练就专精技能，首先要勤奋刻苦，在工作中投入时间和精力，在实践中不断提升自身攻坚克难的能力。此外还要善于思考，在刻苦修习技能的同时要善于总结提炼，从差距中寻找对策，从失败中吸取经验，做到知其然更知其所以然，这样才能融会贯通，成为行家里手。

　　开拓创新思维　创新是一个民族进步的灵魂，是一个国家兴旺发达的不竭动力。工匠的创新思维是促进工艺改革、提升产品质量、追求卓越境界的必要条件。创新包含理念创新、工艺创新、技术革新和产品创新，工匠只有开拓创新思维才能与社会发展同步，发明更好的应用，造福广大人民群众（图 4-2-3）。在 20 世纪 90 年代，重型 H 型钢的研发一直是国内的空白领域，直到马鞍山钢铁股份有限公司技术中心型钢研究所所长吴保桥带领团队以技术创新开路搭桥，硬是闯出了一片新天地。没有核心技术，势必受制于人。为了解决"被卡脖子"的生存问题，吴保桥及团队人员不断地实验试错，纠正过去的观念，持续攻克了耐低温热轧 H 型钢成分设计、连铸控制、

图 4-2-3
智能制造需要
工匠精神

相变析出等行业性技术难题。如今，H 型钢已经成为宝武马钢的拳头产品。2017 年 5 月 31 日，马钢铁路用钢托起了被誉为"世纪之路"的肯尼亚蒙内铁路，现今仍在为世界范围内越来越多的

建筑、铁路、桥梁、海洋、电力等领域的高端需求提供"马钢方案"。

我们要认识到创新来自踏实的工作，是在认真工作的基础上形成的突破，作为新时代的产业工人要立足岗位，积极实践、勇于探索，在对经验的总结中形成创新意识，并将其融入具体的工作中，同实际生产相结合，这样才能使得创新有的放矢。

📇 案例解析　　　　　杨红星：追求卓越品质的焊接大师

杨红星是通用电气水电设备有限公司可再生能源水电事业部的一名高级焊工，他先后获得阿尔斯通杯焊接大赛第一名、天津市五一劳动奖章、滨海新区首批"滨海工匠"、天津市劳动模范等荣誉称号。

杨红星对于自己的工作更多的是一份使命感，经由杨红星焊接的设备几乎从来不需要返修，这一点对于一名每天工作8小时的焊工来讲相当不易。其他工友干不了的"疑难杂症"，也是由他出手解决。他一直秉持着"要用更好的产品质量回报社会"的工作理念，几年来，有难度大的工件，杨红星都是冲在最前面，他焊接的设备纹理平滑，没有任何气孔、裂纹。

如今杨红星正在努力做好"传帮带"工作，他把自己多年的经验心得和技术诀窍都毫无保留地传授给徒弟和车间同事。他的10名徒弟中，有8名被评为公司的质量之星，使整个车间的焊工共同提高技术技能水平，成为公司焊接团队的中坚力量。

在此案例中，杨红星是从哈尔滨高级技工学校走出来的焊接大师，在学校求学时，他就认真学习焊接基础理论和焊接工艺；在车间实习时，他向各位师傅请教技术，主动请缨焊接各式各样的产品，一遍遍地练习平、横、立、仰这些最基本的焊接位置；没有工作时，他就捡一些没用的废材料练习手法。他把产品当成作品，把工作当成艺术，把追求卓越的信念注入每一厘米的焊接中。在他的眼中没有小事，小小的焊接点成就了杨红星的大事业。

4.3 国际工匠

说到国际工匠，我们通常会想到能够打造高精度手表的瑞士匠人，拧螺钉要拧三圈回半圈的德国工人，还有将寿司捏成艺术品的日本手艺人。在本节中，我们将以德国、美国、日本为例，一起了解国际工匠及其各自的文化。工匠文化是全人类文明的共同财富，我们以国际视野探究全世界的工匠文化，有助于我们博采众长，传承和发扬中国的工匠精神。

德国的工匠文化

4.3.1 德国的工匠文化

德国以其民族精准严谨的特点闻名于世。在这个拥有 8 200 多万人口的国家，有 2 300 多个国际品牌，如博世、宝马、双立人等，这些品牌也使德国制造成为高品质的代名词。德国制造享誉全球，其制造业被誉为"众厂之厂"，是世界工厂的制造者，这靠的是德国产业工人对每个生产技术细节的重视和精益求精、专注严谨的工作态度。

德国的工匠文化可以归纳为坚持、专注、严谨和创新四个特点。

坚持 在德国 370 万家企业当中，有 837 家的历史超过 200 年，长寿企业数量位居全球第二。这些曾经的小企业遵循"欲速则不达"的信条，坚持精益求精、久久为功，始终严把质量、追求卓越，即便处于困境之中，也不以牺牲品质作为代价，代代相承，终于打造出品牌价值。拥有 290 年历史的德国刀具品牌"双立人"就是这样一个集品质与不朽传奇于一身的长寿企业。它所出品的刀具不仅能保持刀刃特别锋利，而且抗腐蚀能力极强，从刀体至刀柄无不追求尽善尽美。像"双立人"这样的品牌在德国屡见不鲜，这些企业注重长期规划、立足世代传承，正是它们的执着与坚持，才使"德国制造"享誉世界。

专注　德国工匠文化的专注体现在术业有专攻和对产品的精耕细作等方面。德国著名管理学家赫尔曼·西蒙教授在全球率先提出了"隐形冠军"企业的概念。所谓"隐形冠军"企业，是指那些尽管营收规模较小，知名度不高，却占有颇高市场份额的企业。德国拥有 1 307 家"隐形冠军"企业，约占全球同类企业数量的一半，它们是"德国制造"的支柱和骨干。像生产瑞凯威飞机座椅、伍尔特螺丝、海因肥皂水、布里塔滤水器的"隐形冠军"企业，都是经历了几十年如一日的精雕细琢、深度耕耘、专注创造，才成为不可替代的行业翘楚。

德国工匠文化的专注更体现在工匠们对职业始终如一的热情和对产品极致品质的追求。德国企业的共同特点就是聚集了本行业最多的顶尖技术高手，德国前总统赫尔佐格曾说："为保持经济竞争力，德国需要的不是更多博士，而是更多技师。"德国企业家认为，一流的产品需要一流的技工来制造，再先进的科研成果，没有技工的工艺化操作，也很难变成有竞争力的产品。正是德国技师的凝神专一，才使得"德国制造"誉满天下。

严谨　严谨是为达成既定标准所秉持的严肃谨慎的工作态度。我们常开玩笑说，德国人的严谨渗透在他们的血液当中。他们用量杯喝水、像做化学实验一样做饭，"死板"的行为也显示了严谨的作风。严谨的前提首先是要有预设的标准，为保证产品质量，德国标准化协会制定了 33 100 项行业标准，涵盖了建筑、材料、机械、信息、电子、娱乐、体育、职业安全、环境保护等多个领域。除标准体系之外，德国还建有完善的质量管理认证机制，"德国制造"小到螺钉，大到汽车，其生产流程都要严格遵守标准、通过质量检验，不允许产品随意流入市场。

创新　德国工匠在秉持坚持、专注和严谨的同时，也不因循守旧、故步自封，而是不断追求创新。德国企业的标准和技术会根据社会的需求和工艺的发展不断更新。在《2018 年全球竞争力报告》中，德国以 87.5 的高分成为全球最具创新力的经济体。德国之所以能在全球装备制造领域处于领先地位，很大程度是源于德国人致力于产品的研发和创新。正是基于此，德国人率先提出了"工业 4.0"的概念，这是为了保持它们在制造领域的领先地位，是将质量提升和成本控制相融合的新型生产制造方式。

4.3.2　美国的工匠文化

美国的工匠文化

　　清华大学的陈劲教授曾说，美国的工匠是一群不拘一格、依靠纯粹的意志和拼搏的劲头搞出了足以改变世界的发明创新的人[4]。在美国，许多政界名人都是不同领域的工匠，如本杰明·富兰克林被称为美国的第一位工匠，他发明了旋转椅、避雷针、双焦距眼镜，改进了路灯，最早提出电荷守恒定律；乔治·华盛顿一生都在追求农业上的创新，他是美国最早尝试"轮作"的种植园主之一；托马斯·杰斐逊发明了旋转衣架、始祖计步器、通心粉制造机；詹姆斯·麦迪逊发明了内置显微镜手杖等。

　　美国的工匠精神塑造了这个国家，其特点可以归纳为创造、务实、冒险和热情。

　　创造　美国作家亚力克·福奇将美国工匠文化的特征归纳为三点。

　　旧物成宝：用我们周围已经存在的事物制造出某种全新的东西。

　　兴趣至上：工匠们的创造行为在最初并没有明确的目的性，就算有，也和当时确定好的目的有很大的不同，能够激发人们的热情和对它的迷恋。

　　自我批判：它是一种"破坏性行为"，工匠们重新审视历史，开始了一段充满发明创造的全新旅程。

　　美国的工匠其实就是创造新产品的人，任何人只要有好主意并且有时间、有能力去努力实现，这样的人就可以称为工匠。他们更愿意追求自己的兴趣爱好，注重平时容易被忽略的小物件。在思想上大胆创新，这种文化也逐渐融入具体的职业活动中（图4-3-1）。

图 4-3-1
AI 主持人

务实　美国是带着英国工业革命的经验建立的移民国家，而工业革命的本质就是通过机械和工具代替手工进而提高生产效率，因此美国的工匠大多讲求务实。美国最著名的发明家迪恩·卡门认为，收集改装可利用的技术来解决问题或创造解决问题的方法从而创造财富，并不仅仅是这个国家的一部分，更是让这个国家生生不息的源泉。在 100 多年以前，有一个困扰全世界商铺店主的难题，就是如何避免店员偷钱箱里的钱。这样一个难题，在 1879 年被一个开咖啡店的普通人詹姆斯·利迪破解了，他利用轮船上记录螺旋桨转动的机器的工作原理，设计出一个让顾客和店员都能看到每笔交易的机器，机器能够计算每笔收入和找零，这就是世界上第一台收银机。这就是美国人务实的体现，先花 99% 的时间设计出一个好工具，再用 1% 的时间将事情完成。

冒险　美国有一句格言："不冒险，就不会有大的成功，胆小鬼永远不会有大作为。"冒险精神是美国自建国之初就形成的文化特质，美国工匠更是把冒险精神发挥到了极致，他们从不担心失败，他们总是对世界充满好奇，乐于将自己的想法付诸实践，哪怕面对困境，他们通常也能保持乐观，有时危险甚至会让他们觉得刺激或者更具诱惑力。这种冒险精神支撑他们发明了电灯、电报机、手机、空调、洗衣机、芯片……这些发明深刻地影响了人类的生活方式，并且改变了世界。

激情　对于新鲜事物的激情和乐于探索的精神是美国工匠文化的另一特

质。他们崇尚在未知领域发现新知，同时，他们也有热情钻研自己领域外的事物，开放、自由的气氛激发了他们的创造灵感，使他们更有激情探索事物的本源。纳森·梅尔沃德就是这样一位对周围事物充满激情的工匠，这位微软的前首席技术官没有接受过计算机方面的正规训练，他凭借对工作的激情和在数学、物理等方面的特长取得了可观的成就，然而他却在 40 岁的时候选择从微软退休，开始研究现代烹调技术，并组建了由厨师、作家、设计师、摄影师、编辑组成的团队，一起实现食物科学实验，这一切的动力也是源于他对烹饪的热情。美国很多工匠的发明并不局限于某一领域，而是对生活充满热爱和激情，让生活变得更丰富。

4.3.3 日本的工匠文化

日本的工匠文化

日本是世界上长寿企业数量最多的国家，其中，超过 200 年历史的企业有 3 900 多家。此外，日本企业还拥有诸多领先全球的技术。作为岛国，日本资源匮乏，因而日本人极为推崇那些具有特殊技能、在经济社会生活中发挥重要作用的工匠，以世袭方式传承技术的工匠家族具有很高的社会地位。他们在竞争与实践中，练就了顽强坚忍的意志品质，成就了技无止境的职业精神，形成了独具日本特色的工匠文化，也造就了日本制造业的奇迹。

日本的工匠文化可以归纳为敬畏、执着、精细和责任这四个特点。

敬畏 日本工匠文化的内核之一是敬畏。这种敬畏体现为对职业的敬重与珍惜。日本匠人多是以家族制或师徒制的方式延续至今，其身份认同和职业伦理不仅未曾消失，还以新的形式焕发出活力。秋山利辉所倡导的"现代学徒制"就体现出一种对彼此负责的师徒关系，而他对学徒品性的磨砺则是在锻炼后者对职业的敬畏之心。技术容易被模仿和超越，但精神永远不会。只有常怀敬畏之心，才能把简单的工艺做到极致。日本绝大多数的匠人职业已远不止关乎生计，而是岗位与人生的融合。对热爱的事业抱着不容亵渎的敬畏感，这就是真正的工匠精神。

执着 日本工匠文化的内核之二是执着。所谓执着，就是遇事不轻易放弃，这是精神的强度与韧度，也是根植于日本社会的普遍价值。匠人们将情怀、态度和信念倾注于手中的产品之中，废寝忘食、夜以继日、孜孜不倦地以求精进和完善。他们认真工作，享受钻研技艺、优化产品的快乐。执着不仅是日本手工匠人的品格，也是众多日本企业的品格。日本制造业最大的优势就是拥有大批掌握尖端技术、具有娴熟技艺的职业技术人员，这得益于他们对事业的执着和全身心的投入，也是日本制造业能始终保持一流品质的原动力。

精细 日本工匠文化的内核之三是精细，即极度注重细节，不断追求完美，对产品精雕细琢，对品质近乎苛刻。日本机床在全球高端机床市场领域几乎占据着垄断地位，虽然该生产领域已采用了多种自动化技术，但一些重要工序仍需通过人工以达到更高的精度。在日本牧野厚木机床工厂，只有经过专业认证的操作工人才能对机床主轴进行装配、对关键零部件的同心度进行精确调整，也只有高级工匠才能对导轨面进行手工刮研，以确保机床的精度达到亚微米级别。这种精益求精的精神使得企业不只是在公差范围内制造产品，而是正中靶心，实现零公差。

责任 日本工匠文化的内核之四是责任。秋山木工《匠人须知30条》中规定，学徒进入作业场所前，必须先成为有责任心的人[5]。在日本很多制造工厂中，产品一旦出现瑕疵，便无法转到下一道工序，问题必须在本道工序内解决。因为对于他们而言，处在下一个环节的不是同事，而是客户。工位上的每个人都应该是艺术家和专家，不能因为疏忽大意而降低成功的概率。很多日本企业的生产成本居高不下，原因之一就是拒绝在生产过程中缩短工时、提高效率。从某种程度上说，这种坚持舍弃了一些商业利益，但却是企业负责任、有担当的体现。

德国、美国、日本三个制造业强国，受其国情、文化、历史、经济等多种因素的影响，各自形成了具有本国、本民族特性的工匠文化。德国的工匠大多以群体存在，工匠精神深刻地影响着企业的发展，严谨、专注的品质已植根于民族的骨血中，坚持让德国的企业得以长寿，创新让德国的企业保持旺盛的生命力。美国的工匠很多都是发明家、政治家、社会名流，他们都曾以工匠的身份在各自的领域有所建树，其身上乐于创造、务实求真、敢于冒险的精神使他们成为多领域的成功者。日本的工匠文化已经成为日本优秀传统文化的重要组成部分，日本匠人将产品的品质提升到与人格荣誉相同的地位，凡事追求尽善尽美，对职业的敬畏、对事业的执着、对产品的精细和对工作的责任成为日本工匠文化的鲜明特点。

尽管世界各国工匠文化有一定差异，但工匠精神的基本要素无外乎就是执着专注、精益求精、一丝不苟和追求卓越。社会的发展和进步需要各行各业普通劳动者的坚守和付出，也需要工匠们有敢为天下先的开拓精神和进取意识[6]。工匠精神是全人类文明的瑰宝，一个民族的发展需要工匠精神的引领，一个国家的腾飞更需要工匠精神的助力！

4.4 中国工匠

在中国传统文化的语境中，工匠是对所有有工艺专长的人，如木匠、铁匠、铜匠等的称谓。荀子说："人积耨耕而为农夫，积斫削而为工匠。"自古以来，任何一个从事工艺劳动的工匠都是以其毕生精力献身于这一工艺领域的。进入现代工业社会后，伴随着手工技艺向机械技艺以及智能技艺的转换，传统手工工匠也被现代制造业的新型工匠所取代。现如今，对工匠技能的要求直接影响到工业水准和制造水准的提升，因而更需要将中国传统文化中深蕴的工匠文化在新时代的条件下发扬光大。

4.4.1 中国古代工匠与发明技术

中国古代工匠
与发明技术

中国古代的发明技术无疑凝聚着中国古代工匠的智慧和品格，造纸术、活字印刷术等发明在中华文明乃至世界文明发展史上都留下了浓墨重彩的印记，对人类社会的发展产生了巨大的推动作用。

一、造纸术与蔡伦

造纸术的产生 在文字发明之后，需要一种便于长久记录、传播文字的载体。古代埃及人利用尼罗河的纸草来记述历史；在古代欧洲，人们很长一段时间都利用兽皮——如羊皮等——书写文字；在中国，造纸术发明以前，人们主要采用甲骨、竹简、绢帛和青铜器等作为书写和记载文字的材料。但是无论哪种材质，都或多或少地存在一些问题，甲骨、竹简不容易整理；纸草和兽皮不易保存；绢帛虽然轻便，但是材料非常昂贵，也不适于书写；青铜器笨重不便于携带。到了汉代，由于西汉的经济、文化迅速发展，竹简无论是在生产数量还是在携带的便利程度上都已经远远满足不了时代发展的需求，从而促使新的书写材料——纸张——的发明。

中国是世界上最早发明纸的国家。根据考古发现，在西汉时期（公元前202年至公元8年），中国已经有了麻质纤维纸。质地粗糙，数量不多，成本较高，不便普及。东汉元兴元年（105年），身为主管监督制造皇宫中所用器物的蔡伦指导工匠们挑选出树皮、破麻布、旧渔网等材料，把它们切碎剪断，放在一个大水池中浸泡。过了一段时间后，其中的杂物烂掉了，不易腐烂的纤维保留了下来，工匠们再将浸泡过的原料捞起，放入石臼中，不停捣碎使其变为浆状物，将其浸入水中，然后用细竹篾编制的筛漏把细碎的纤维挑起，晾晒后，轻轻揭下来就变成了纸（图4-4-1）。经过反复实验，蔡伦制出轻薄柔韧的纸张，由于取材容易、成本低廉、保存期长，所以开始普遍使用。

工匠蔡伦 蔡伦出身于东汉初年从事冶铸的一个铁匠世家，家中的工匠文化氛围对少年时期的蔡伦产生了较大的影响。成年后，他曾担任尚方令一职，所谓尚方就是主管皇宫制造事务的工坊，这里集中了天下的能工巧匠，代表了那个时代制造业的最高水准。尚方为蔡伦提供了一个极好地发挥聪明才智的平台，他的个性、爱好以及他在工程技术方面的过人天资在这个工作岗位上得到井喷式的展现。蔡伦在总结前人造纸经验的基础上革新造纸工艺、改进造纸技术，制造出当时全世界一流的纸张。为纪念蔡伦的功绩，后人把这种纸叫作"蔡侯纸"。蔡伦改进后的造纸术沿着丝绸之路

图4-4-1
蔡伦造纸

经过中亚、西欧向整个世界传播，为促进世界文明的发展做出不可磨灭的贡献。

二、活字印刷术与毕昇

活字印刷术的产生　中国最早采用的是雕版印刷技术，雕版印刷术发明于创新性工艺最为蓬勃发展的唐朝，但是，雕版印刷最大的不足就是每印一页就要使用一整块的雕版，工匠在雕刻时，如果出现错字就要废掉重雕，这不但费时费力，而且雕版极容易磨损，使用寿命短，这些原因都加大了印刷的成本。

到了北宋时期，对世界文化传播影响力最大的活字印刷术出现。活字印刷简单灵活，方便轻巧。其制作程序为：先用胶泥做成一个个规格统一的反体单字，用火烧硬，使其成为胶泥活字，然后把它们分类放在木格里，一般常用字要烧制几个至几十个，以备排版之需。排版时，用一块带框的铁板作底托，上面敷一层用松脂、蜡、纸灰混合制成的药剂，然后把需要的胶泥活字从备用的木格里拣出来，一个个排进框内，排满一框就成为一版，再用火烤。等药剂稍微熔化，再用一块平板把字面压平，待药剂冷却凝固后就成为版型。印刷时，只要在版型上刷上墨，敷上纸，加上一定压力就可以了。印完后，再用火把药剂烤化，轻轻一抖，活字便从铁板上脱落下来，工人们再按韵将活字放回原来的木格里，以备下次再用。

工匠毕昇　毕昇（图4-4-2）最早只是一个印刷铺的工人，专门从事手工印刷，熟悉并精通雕版技术，在长期的印刷实践中，他发现雕版最大的缺点就是不可以反复使用，每印一本书就要重新雕一次版，这不但耗费时间，而

图4-4-2
毕昇

且成本较高。他想，如果改用活字版，只需要雕制一副活字，就可排印任何书籍，活字可以反复使用。虽然制作活字的工程复杂一些，但日后排印书籍则十分方便。正是在这种启示下，毕昇才发明了活字版。活字印刷术相对于雕版印刷术而言，印刷的版材质地坚硬，灵活排列方便制版，一次制版可长期使用。活字印刷术的广泛推广，对人类文明和社会发展做出了伟大贡献，毕昇也成为中华民族文明史上最重要的工匠之一。

4.4.2 中国工匠文化

中国工匠文化

中华民族悠久的历史铸就了灿烂的中国文化，中国文化建立了中国人的精神价值和生活方式，形成了中国人的集体人格。中国的工匠文化是民族性格和思想品德的融合，它得益于中华民族为其提供的文化土壤，进而孕育出丰富的人文精神和物质财富[7]。中国工匠在追求产品至臻完美的过程中，不断形成自己的文化特质，这是值得后人效仿和承袭的宝贵财富。

"一方绣架，撑开江南千年丝绸；十指春风，绣出湖上几分春意。"这反映出诗人对杭绣的无限赞美。杭绣起源于汉代，在南宋时达到极盛，直至清末民初仍盛行不衰，城内后市街、粥教坊、天水桥一带有刺绣作坊近20处，擅长刺绣的手艺人多达二三百人。但随着机器绣花的出现，杭绣开始无人问津，技艺几近失传。

图 4-4-3
陈水琴

陈水琴（图4-4-3）是目前杭绣的领军人物，她是中国工艺美术大师、浙江省非物质文化遗产项目杭绣的传承人，也是中国工匠的典型代表，在她身上我们可以看到中国工匠文化的特质。

勤奋刻苦，技艺超群 陈水琴自 1964 年毕业于杭州工艺美术学校后，一生醉心于杭绣，信奉"一辈子只做一件事，并把它做到极致"的理念，半个多世纪的绣娘生涯，使她练就了扎实全面的刺绣手艺，她擅绣动物，尤以绣猫绣狗著称。此外，她对人物肖像、花鸟鱼虫也无一不精，她的作品生动逼真，绣面光洁亮丽（图 4-4-4）。

图 4-4-4
陈水琴的杭绣作品

中国的工匠文化讲究立足岗位，干一行、爱一行、专一行、精一行，耐得住寂寞、经得起诱惑、守得住清贫，这样才能在自己的领域里出类拔萃。勤奋刻苦修习技能、凝神专注练就本领，在实践中不断磨炼手艺，拥有技艺超群的绝活是中国工匠的普遍特质。

创新发展，追求极致 陈水琴在继承杭绣传统技法的基础上不断追求创新和绣技的突破。1972 年，她研制出第一幅双面绣作品，从此结束了杭绣只有单面绣的历史；1981 年，她又创作出双面异色绣，后来她又创造出双面三异绣、双面乱针绣等绣法，还带领学生和团队研制出"垫衬盘绣""三角叠针""交叉套针"等刺绣针法。陈水琴说："传统的事物只有顺应时代，不断创新和发展，才会源源不断地焕发出生命力，手工技艺也是如此。"她在追求工艺多样化的基础上不断创新，使作品呈现出千姿百态的美感。

创新是中国工匠文化得以传承发展的根本所在，他们敢于打破常规，不断突破与革新以适应时代的变迁，用一双双灵巧的手推动社会的进步与发展。

家国情怀，传播文化 陈水琴曾多次代表祖国赴日本、德国、荷兰、西班牙、俄罗斯等国家交流刺绣技艺。1982 年她在日本进行刺绣表演时，她的刺绣技法惊倒观众，他们看到陈水琴把一根细丝绒一劈再劈，劈出 100 多缕，然后绣出金鱼吐出的水泡，日本观众都不敢相信自己的眼睛。1985 年，陈水琴应邀赴德为时任总统魏茨泽克刺绣肖像，她花了整整五个月的时间，绣成的肖像从仪表到神态都极度传神逼真，被魏茨泽克总统视为珍贵的收藏品。这幅作品轰动西欧，被誉为"真正的东方艺术"，陈水琴大师也被称为"传播文化的天使"，她为东西方的文化交流和友谊的发展做出了重要的贡献。

中国文化长盛不衰的原因之一就是注重整体，中国人的家国意识很强，无论是圣贤大家还是普通百姓，大多有心怀天下的胸襟。中国的工匠更是如此。家国情怀体现了中国工匠对中国优秀传统文化的热爱和痴迷，也体现了中国工匠勇于担当、弘扬国粹的豪气。他们在技艺展示的过程中促进了国与国之间的文化交流。

薪火相传，继承发扬　陈水琴一直致力于培养杭绣传人，她的学生很多被评为浙江省工艺美术大师和杭州市工艺美术大师。她在上海工艺美术职业技术学院建立了大师工作室，培养了四届刺绣专业的毕业生，还受邀中国美术学院染织系，为学生传授刺绣技艺（图4-4-5）。

图4-4-5
陈水琴与学生

中国的工匠文化历来有"传帮带"的优良传统，世代承袭、师徒相传的模式是中国传统手工业的真实写照。名师出高徒，中国工匠的一生就是学习、积累、再传授，这种传承不仅是循规蹈矩地接受继承，更是澄沙汰砾、积极创新并发扬光大。

对技能专精的不懈追求是工匠文化得以生长的先决条件。技能专精就是对每件作品、每道工序都凝神聚力、精益求精，对细节的处理有足够的耐心、执着和坚持，从而达到完美。

对职业操守的持之以恒是中国工匠文化得以传承的根本动力。工匠在追求高超的技艺与极致的作品的同时，更注重心性的修养和人格魅力的提升。正是他们对技艺心无旁骛的追求，对道德终生不渝的坚守，使得他们能做到由表及里地洞悉事物的内在规律，最终达到"道技合一、德艺兼修"的精神境界。

4.4.3　现代大国工匠的成长之路

现代大国工匠的成长之路

工匠自诞生起便伴随着人类社会的发展而不断演变，他们适应着科学技术的进步、身份角色的转换、劳动内容的更新、劳动组织方式的迭代，逐渐在社会生产中占据越来越重要的位置。在工业文明高度发达的今天，工匠的素养已成为决定一个国家制造业水平甚至综合国力的关键因素，兼备高超的技能水平和高尚的道德情操的工匠不断涌现，近年来，他们有了一个响亮的称号——大国工匠。

一、大国工匠

大国工匠是指符合劳动模范标准，具备家国情怀的优秀劳动者。成为大国工匠的前提是要践行工匠精神，具备优秀的专业素质和高超的技能技艺，其职业能力在同行中出类拔萃。在此基础上，成为大国工匠还要践行劳模精神，热爱祖国，忠于人民，能够带领更多的劳动者服务社会，建设祖国。由此可见，大国工匠不仅是工匠的佼佼者，也是具备高尚道德情操的优秀劳动者（图4-4-6），其特点可以具化为以下两个方面。

具备行业顶尖的技能水平　中国人民解放军陆海空三军仪仗指挥刀、中华人民共和国天安门升旗指挥刀的研制者和发明人沈从岐，青岛前湾集装箱码头有限责任公司固机高级经理许振超，中国船舶重工集团第702研究所蛟

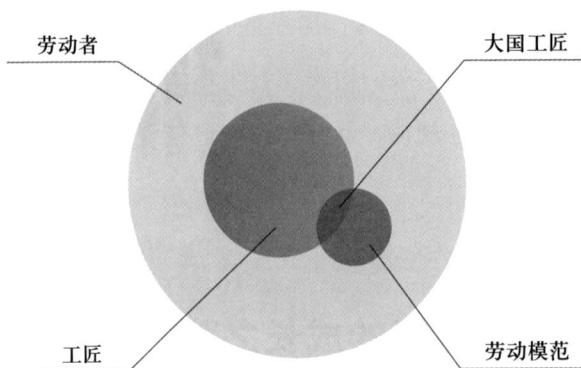

图 4-4-6
劳动者、工匠和
劳模的关系

龙号载人潜水器首席装配钳工技师顾秋亮，中国航发沈阳黎明航空发动机有限责任公司数控车工双料高级技师洪家光，以及历年获得"大国工匠"荣誉称号的劳动者，无不是行业翘楚、技能大师。他们各怀绝技，有的能焊接薄如纸张的特种材料，有的能凭双手感知微米级的精度变化，有的能在木料上雕刻清明上河图。大国工匠们运用这些高超的技艺为国家制造关键部件、改进审查工艺、解决技术疑难、奉献艺术瑰宝。高超的技能水平是大国工匠为国家做出突出贡献的前提。

兼具工匠精神与劳模精神　　工匠精神是强调劳动者在工作和事业上的职业精神，是职业道德、职业能力、职业品质的综合体现；劳模精神则立足于以为国家发展做贡献、为人民谋福祉为己任的道德境界，更加强调责任与担当。新时代的大国工匠要以精益求精的匠心打造高品质产品，诠释他们的工匠精神；还要以兴邦利民为己任，展现他们的劳模本色。

二、大国工匠的成长之路

大国工匠的成长并非一蹴而就，而是要经过点点滴滴地修行和磨炼。一名劳动者通过刻苦学习、努力钻研，成为有一定文化素养和劳动技能的合格劳动者；作为合格的劳动者，他们在自己的行业里精耕细作、修习心性，练就专精技能，便可成长为工匠；合格劳动者里的另一群人，由于具备了爱岗敬业、争创一流、艰苦奋斗、勇于创新、淡泊名利、甘于奉献的精神，便成长为优秀的劳动者——劳动模范；而能将工匠的技能特质与劳模的精神特质集大成者，便可称之为大国工匠（图4-4-7）。

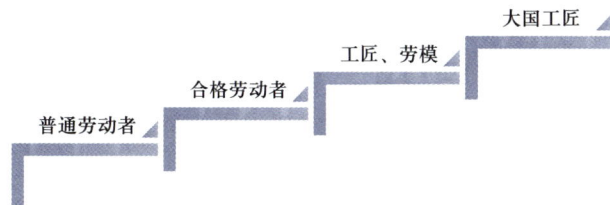

图 4-4-7
大国工匠的成长之路

我们要厘清合格劳动者、工匠、劳模和大国工匠的个性化特质和关系，理解工匠与劳模的文化内涵，了解大国工匠的成长之路，这对我们未来的职业发展和人生追求具有科学的指导意义。

4.4.4　大国工匠走向世界

大国工匠走向世界

培养合格的职业技能人才，成就像杨红星这样的大国工匠，需要通过知识理论的传授、技能的磨炼和精神品质的养成，使培养对象具备高尚的思想精神境界和高水平的综合素质。培养过程不仅要求师资、教材、课程、设备、赛事平台和实训项目的支撑，更需要以成熟的机制和先进的标准将各要素有机整合、正确摆位，形成规范、成熟的职业教育体系。中国的职业教育经过了长期探索与发展，日渐形成具有中国特色的职教体系，具备了一定实力和能力，未来将继续健全培训体系，使其走向世界。

一、鲁班工坊的背景和原则

鲁班工坊是为服务国家"一带一路"发展战略和需求，加强职业教育国际合作交流，增强我国的国际影响力而提出的概念。它是一个创新型国际职业教育服务项目，是天津市率先主导推动实施的职业教育国际知名品牌。通过在境外创设合作机构，将中国优质的职业教育理念和产品技术向合作国输出，培养当地熟悉中国技术、产品、标准的技术技能人才，促进合作国产业发展，服务"一带一路"建设和国际产能合作。

2015 年，教育部职成司与天津市教委共同研究提出，要让职业教育走出国门，服务"一带一路"战略，创建中国职业教育海外合作项目。为体现中国劳动人民的伟大智慧、精湛高超的技术技能、精益求精的职业素养和不断进取的创新精神和品格，该项目以中国工匠的精神象征、百工之祖"鲁班"命名。同年，鲁班工坊的项目研究、方案设计和标准研制工作正式启动，并于 2016 年 3 月创立了首个鲁班工坊。2018 年 12 月 5 日，葡萄牙鲁班工坊建设协议在两国领导人的见证下签订，标志着中国职业教育在先进制造、人工智能等领域积累的成果得到了制造业发达国家的认可。

鲁班工坊有以下五条建设原则。

平等合作原则　在合作中保持中外双方的独立性和平等性，以确保在复杂的国际政治、经济背景下，与不同文化、宗教背景的国家建立良好的信任关系。平等合作以合作方对中国职业教育体系及其效用的认同为前提，在此基础上由各方平等商讨确定合作方式、实施路径等具体事宜。

优质优先原则　通过选取国际合作基础较好的校企合作项目、选择国际化水平高的优势专业、提供优质课程、选派优秀教师等措施，向合作方优先提供适宜其需求的优质职业教育资源，以保障鲁班工坊的质量与品质。

强能重技原则　将技术应用、技能训练、工程实践作为育人核心，专注于技术技能的培养。强化工程实践创新项目（EPIP）等优秀教学模式、组织方式的运用，强化全国职业技能大赛与当地院校的交流借鉴。

产教融合原则　联合我国驻外企业、当地企业和机构，与职业院校共同开展鲁班工坊的建设工作，促进人才培养和产业需求相结合，实现产业、行业、企业、职业、专业的"五业联动"，为增强合作国产业竞争力服务。

因地制宜原则 根据不同国家政治、经济、社会的发展程度，充分考虑合作国的诉求，结合当地实际，建设国别特点鲜明、符合当地需要的鲁班工坊。

二、鲁班工坊的建设模式

鲁班工坊建设主体包括院校、企业、政府或区域组织三类，根据不同主体在鲁班工坊建设中所扮演的角色的不同，鲁班工坊的建设模式可分为三种：一是依托政府间合作建设的鲁班工坊，此模式注重国家间的合作，服务外交战略，融入人文交流机制；二是依托校际合作建设的鲁班工坊，此模式更为关注职业教育模式、标准、资源的分享；三是依托企业合作建设的鲁班工坊，此模式以满足我国境外企业发展需要、培养本土化的技术技能人才为建设目标。

以"工程实践创新项目（EPIP）教学模式"为核心 工程实践创新项目简称 EPIP，是 Engineering、Practice、Innovation、Project 的英文首字母缩写，这是汲取中国教育思想，借鉴国际先进教育教学理念创立的技能人才培养模式。

以中国职业院校开发的国际化专业教学标准为依据 遴选 50 个紧贴先进制造业、战略新兴产业等重点领域的高等职业教育专业，开展了适用于鲁班工坊的教学标准研制工作，在人才培养目标、课程体系、教学师资、评价体系、基地建设等方面形成与国际岗位需求相匹配、符合国际化技术技能人才培养要求的专业教学标准。

以全国职业院校技能大赛赛项装备为载体 全国职业院校技能大赛是由教育部牵头，联合国务院有关部门以及有关行业、人民团体、学术团体和地方共同举办的全国性职业院校学生综合技能竞赛活动，是体现我国职业教育最高技能水平的赛事平台。其赛项设计与装备研发由学校企业联合完成，贴近实际，注重产教融合和国际接轨，兼顾先进性与通用性。

以"师资培训先行"及教学资源开发为必要保障　鲁班工坊培养合作国本土技术技能人才，首先要通过师资研修项目培训来提升合作国教师团队的教育理念和技术水平，这是鲁班工坊各项要素、资源得以发挥作用的前提。鲁班工坊所使用的教学资源指向赛项对应的装备，它以工程实践为导向，以真实任务进行驱动，兼容教学培训要求，为世界发展贡献东方智慧。

三、鲁班工坊助力大国工匠走向世界

截至 2021 年 1 月，我国已和亚、非、欧三个大洲 16 个国家合作建成 17 个鲁班工坊，均取得了良好的建设成效。

增进国际互信，塑造中国形象　在鲁班工坊项目建设中，中方在平等合作的原则下，通过对外方师生开展培训、与外国政府联合举办职业教育学历教育或相关活动、构建国家间职业教育学历资格框架互认体系等措施，形成了稳定的沟通渠道和交流机制，增进了学生、教师间的了解，为中国树立了良好的形象。

助力企业发展，实现合作共赢　鲁班工坊通过在合作国开展职业教育和技术技能培训等方式，为海外的中国企业培养了技术技能人才，为中国企业提供了展示、合作的平台，促进了我国企业的服务和产品输出，提升了中国企业的国际竞争力。

输出职教品牌，推广中国标准　通过向合作国提供我国教学模式、教学标准、赛项装备和师资力量，鲁班工坊实现了中国职业教育的品牌输出。在职业教育标准输出的基础上开展产教融合，推进"中国制造"标准化应用在合作国落地。

培养优质人才，提升国际影响　截至 2020 年，在较早建立的 8 个鲁班工坊中，来华留学生达 236 人，本土招生 397 人，学历教育覆盖 633 人；本土企业职业培训规模达 250 人次，学生职业培训规模达 5 513 人次。鲁班工坊为合作国培养了优质人才，做出的贡献得到了合作国政府的肯定和社会各界的广泛关注，助推中国职教走向世界。

小结

"大国工匠"专题的学习内容具有较清晰的逻辑脉络，学习"工匠由来"帮助我们建立工匠文化的历史观，学习"工匠精神"帮助我们树立工匠文化的价值观，学习"国际工匠"帮助我们形成相互借鉴的工匠文化全球观，学习"中国工匠"帮助我们增强继承发展工匠文化的民族观。只有系统地了解了工匠的由来以及工匠文化的精神内涵，我们才会深刻理解如何结合自身职业发展逐步形成工匠的特质与人格，通过学习和实践，培养自己从合格劳动者成长为优秀工匠的理想信念，明确行动目标和实践途径，也为自己开启成为大国工匠的职业之门。

通过学习，我们了解到执着专注、精益求精、一丝不苟和追求卓越是工匠所必备的素养。课前热身活动中的工匠成就值清单就是对工匠精神的诠释，均衡具备这些特质才能称得上是一名工匠。对于职业院校学生而言，我们虽然还没有步入职场，但是在学期间就要从点滴小事做起，通过参加校内外实践来磨炼执着专注的品质、树立追求卓越的价值准则、明确精益求精的行为理念和一丝不苟的工作态度。在校期间就要开始规划自己的职业生涯，明确职业目标和人生理想，主动了解职业、行业动态，通过实践课程、企业实习等途径发现与自身发展意愿相匹配的职业和岗位，这样才能实现个人发展与社会进步的同频共振。

思考题

1. 有人把工匠说成是"匠人、匠气",工匠身上总会带着旧时代的习气。请你谈谈你是如何理解"匠人、匠心、匠气"的。

2. 小张同学在校内实训时勤奋好学,每个实验环节都必须自己亲手做一遍,但在步入工作岗位后他发现所学的知识仍旧"不够用",于是便有些灰心,你作为他的同学会如何安慰他?

3. 小李同学在顶岗实习期间,每天回到宿舍就抱怨,他的工长要求大家每个月要提一条合理化建议,他觉得提建议太难了,不知道从何处下手,你能帮他开拓一下思路吗?

4. 学校组织学生自愿报名参加"职业创新技能大赛",许多同学认为技能大赛很难得奖,参加了也没有用。请你设计一个宣传方案,能够使更多的同学参与到活动中。

阅读研讨

高凤林:为火箭铸"心",为民族筑梦

近年来,中国航天事业飞速发展,其背后是无数航天人的努力和奉献,火箭"心脏"焊接人高凤林就是其中之一。

高凤林被誉为"金手天焊",不仅是因为早期人们把用比金子还贵的氩气培养出来的焊工称为"金手",还因为他焊接的对象十分金贵,是有火箭"心脏"之称的发动机,更因为他在火箭发动机焊接领域达到了常人难以企及的高度。近40年来,他先后为90多枚火箭焊接过"心脏",占我国火箭发射总数的近四成,先后攻克了200多项航天焊接的技术难关。2014年年底,在德国纽伦堡国际发明展上,高凤林同时获得三项金奖。他于2015年获得全国劳动模范称号,于2018年获得大国工匠年度人物称号,于2019年获"最美奋斗者"

称号。

和航天的不解之缘，源于 20 世纪 70 年代初。当时，刚迈出校门的高凤林走进了火箭发动机焊接车间氩弧焊组，跟随我国第一代氩弧焊工学习技艺。老师傅说，要当一名好工人，必须要上四个台阶：首先是干得好，还要明白为什么能干好，要能说出来，并且要能写出来。老师傅的一席话，让高凤林下定决心：要做一名好工人！

从那以后，他不懈努力，以获得在航天操作岗位上的发展。为了练好基本功，他吃饭时习惯拿筷子比画着焊接送丝的动作；喝水时习惯端着盛满水的缸子练稳定性；休息时他举铁块练耐力，更曾冒着高温观察铁水的流动规律……渐渐地，高凤林日益积攒的能量迸发出来，一次又一次地突破难关。

"事业为天，技能是地。"这是镶在高凤林工作室文化墙上的话语，也是高凤林和他团队的座右铭。为了与时俱进，更好地满足型号发展要求，高凤林始终扎根生产一线钻研业务、提高技术水平。除了为火箭焊接"心脏"之外，高凤林还有一个意义重大的工作，就是传道授业，培养更多的像他一样优秀的航天高技能人才。他用实际行动将自己的职业态度和工匠精神传授给徒弟们。他说，"我最希望他们从我身上学到的还是对做人的理解，以及对事业的专注、投入、执着，还有时刻准备吃苦的精神，只有不断努力、追求极致，才能不断成长"。

1. 在高凤林身体体现了哪些工匠精神？

2. 通过阅读高凤林的故事，请你谈一谈职业院校的学生如何成长为大国工匠？

3. 如何理解老师傅说的"好工人的四个台阶"？

4. 结合高凤林的事例，请你谈一谈技术工人为何是我国建设成制造强国的有生力量？

文献索引

［1］傅海燕．对先秦工匠和工匠精神的认识［J］．广西大学学报，2019（11）：57–62.

［2］王艳．论鲁班文化在现代工匠精神中的传承和弘扬［J］．齐齐哈尔大学学报，2019（01）：43–45.

［3］王维依，蒋晖．论中国古代工匠精神的历史源流［J］．美术教育研究，2020（18）：54–55.

［4］亚力克·福奇．工匠精神：缔造伟大传奇的重要力量［M］．陈劲，译．浙江：浙江人民出版社，2014.

［5］秋山利辉．匠人精神 II：追求极致的日式工作法［M］．陈晓丽，译．北京：中信出版社，2017.

［6］付守永．工匠精神：向价值型员工进化［M］．北京：中华工商联合出版社，2015.

［7］何奇彦，柴继红．现代"工匠精神"对中国传统"工匠文化"的继承与发展［J］．机械职业教育，2019（08）：16–19.

课后实践训练：对照工匠找差距

- ## 活动目标

　　全过程参加一个专业实践训练活动，在活动结束后，通过自评、互评与企业劳动能手的点评找到差距，明确努力的方向。

- ## 活动道具

　　实践训练活动所需的材料和工具等。

- ## 活动过程

　　根据本专业的实践活动特点，邀请校外合作企业中的劳动能手来校参加在实训教室举办的专业实践训练活动，该活动分为两个阶段进行。

　　第一阶段：将全班同学分为 6 ~ 8 个小组，完成一项专业实训活动。活动后，同学们对照工作流程、安全保护、成本控制、产品质量、劳动意识与态度等标准进行组内自评、小组间互评。

　　第二阶段：由企业劳动能手演示工作流程，然后根据活动时存在的主要问题以及学生自评、互评的情况作出点评。点评内容主要包含：活动方案的设计、学生模拟实训与企业实际生产的差别，以及学生在劳动意识、态度、习惯等方面存在的共性问题，并结合自身的成长经历为学生提出有益的发展建议。

- ## 活动体会

　　结合活动实践，找到与劳动能手的真实差距，谈谈自己的感想。活动结束后填写"实践训练卡 4"。

活动名称	
活动目标	
小组名称		参与人	
活动道具	
活动过程	
活动体会	

实践训练卡

职业院校劳动实践

当人类的祖先第一次将石块打制成石斧、将树枝削制为木矛时，他们便走上了与其他动物迥然不同的发展道路。人类为了生存从事劳动，劳动也促进了人类的进化。是劳动，让偌大的地球变成了一个小小的村落；是劳动，让萧瑟的荒原变成了万亩"粮"田。人类的过去、现在与将来，也正是由千千万万个优秀劳动者创造出来的。

职业教育是培养合格劳动者的摇篮，是使学生具备劳动知识、劳动技能和劳动精神等综合素养的奠基工程，在这里，劳动不只是口号和观念，更是身体力行的实践活动。劳动实践是支撑劳动教育的重要载体。是帮助我们真正理解劳动价值、培养劳动情感、提升劳动技能、实现劳动教育知行合一的必要途径。只有积极地参与劳动实践，才能成为懂劳动、爱劳动、会劳动的优秀劳动者。

关键词

日常生活劳动　　　　　　生产劳动

服务性劳动　　　　　　　劳动实践指导

学习目标

1. 理解劳动实践的意义
2. 了解职业院校劳动实践的形式与内容
3. 掌握设计劳动实践活动的具体方法

重点与难点

1. 劳动实践的目标（重点）
2. 职业院校劳动实践的形式与内容（难点）
3. 劳动实践活动的设计与实践（难点）

课前热身活动：劳动实践知多少

- ## 活动内容

  请填写下列表格，测试一下你对劳动实践的理解。

- ## 活动过程

  判断表格中的劳动内容分别属于哪种劳动形式，在相应的空格处打"√"，可以多选。教师汇总分析填表结果，在了解学生对劳动实践的初步理解的基础上展开本专题的学习。

劳动内容	劳动形式		
	日常生活劳动	生产劳动	服务性劳动
包饺子			
整理宿舍卫生			
做志愿者			
换轮胎			
植树活动			
顶岗实习			
校园垃圾分类			
小学生科普活动			
参加技能大赛			
下乡扶贫活动			
专业创新实践			

- ## 活动思考

  1. 你曾经参加过哪些劳动实践活动？活动结束后你有什么感受？
  2. 你印象最深的劳动实践活动是什么？为什么？

5.1　劳动实践概述

劳动实践是我们理解劳动价值、培养劳动情感、提升劳动技能、实现劳动教育知行合一的必要途径。只有当我们在面对个人生活、生产和社会服务的真实情境，亲身体验劳动过程时，才能学会善于观察、勤于思考，注重运用所学知识解决实际问题，提高劳动质量和效率，真正成为懂劳动、爱劳动、会劳动的人。

5.1.1　劳动实践的意义

劳动实践的
意义

劳动实践是理解劳动、热爱劳动、学会劳动的必要路径，提倡身心参与，注重手脑并用。劳动教育仅靠书本学习、口传心授是无法实现的，只有通过形式多样的实践活动，劳动者才能掌握基本的劳动知识和技能，正确使用常见的劳动工具，增强体力、智力和创造力，具备完成劳动任务所需要的筹划、操作、反思以及团队合作等各项能力，真正将所学知识转化为实际本领。

巩固劳动认知　"纸上得来终觉浅，绝知此事要躬行"说的就是任何语言、文字，甚至是虚拟现实技术都无法有效地帮我们实现对劳动过程的真实体验，也无法准确地反映劳动者的真切感受。只有我们身体力行地参与劳动实践，才能避免只停留在"口头上喊劳动、课堂上讲劳动"的层面，才可以真正体验到体力与脑力的付出和劳动带来的喜悦，这就是实践给我们的真实反馈。与劳动知识的学习不同，我们对劳动实践的体验会因个体差异有很大的不同，但这种差异化的体验对每个人却是深刻而清晰的，能使我们真正认识到：如果成为一个优秀的劳动者，自己的不足在哪里，努力的方向是什么。

获取劳动能力　劳动能力即劳动者完成劳动任务所需要的综合素质，而实践是练就这种综合素质所必需的过程。无论我们获得了多少知识储备，都无法直接转化为劳动能力。劳动者需要通过实践学会运用理论知识、掌握技巧方法、增强动作记忆、积累劳动经验，从而使自己真正具备劳动能力。许多同学都有学习计算机编程的经历，这是一项技术含量较高的脑力劳动，编程需要理解编程语言的内在逻辑，掌握语言格式，熟背编程用语，这离不开课堂上的理论教学，但如果没有上机操作的实践积累，就会停留在纸上谈兵的阶段，仍然不算真正掌握了编程能力。

促进理论迁移　理论来源于实践，又反过来指导实践。课堂上学到的理论知识通常是由定义、原理、图形、数据、流程等集合出来的抽象内容，只有通过实践才能帮助我们理解这些内容在应用过程中的实际意义。人脑对信息的加工不仅靠思维训练，还需要利用知觉系统形成肌肉记忆，这样才能不断精进技能，改变学习者的情感与态度。这就是实践对理论学习的反哺本质，它帮助我们做到学而知其用、用而知其然又知其所以然。许多儿童都知道磁铁可以吸引铁质物品，但当某天一个曲别针掉进盛满塑料玩具的纸箱时，他能利用磁铁将曲别针找出来，这时他的知识才迁移为解决问题的能力。这就说明只有在实践过程中，才能充分体现出劳动者的分析、假设、判断等逻辑思维能力和较强的动手能力。

做好入职准备　我们即将进入社会，成为广大劳动者中的一员，这就需要我们在劳动实践中学会与他人协作配合、共同劳动，养成遵守劳动规范的良好习惯，适应劳动带来的体力、脑力的消耗，通过劳动实践，正确认识自我，对自己做出客观的审视和评判，了解自身的优点与不足，并在此基础上不断完善自我，找准发展定位。当前，职业院校学生在实习实训中反映出来的普遍问题就是实践能力的不足，丰富多彩的劳动实践就是我们入职前的一系列彩排，只有成为"能说会干的真把式"，才能更好地融入社会生产，在职业舞台上开始我们的精彩人生。

5.1.2 劳动实践的形式与内容

劳动实践的形式与内容

职业院校学生的劳动实践主要包括日常生活劳动、生产劳动和服务性劳动三种主要形式。

一、日常生活劳动

日常生活劳动主要目的是让学生通过自我管理，提高自立自强的意识和个人生活的能力，树立正确的劳动观念。日常生活劳动主要涉及个人在家庭、学校的日常生活起居，比如个人卫生及生活管理、家务劳动、校园集体劳动等。（参见 5.2.1 日常生活劳动实践指导案例）

个人生活劳动　生活教育是劳动教育的重要内容，无论在时间上还是在空间上，日常生活劳动都具有与人终身相伴的特征，我们要学会整理个人内务，如卫生清洁、物品整理等，形成自己的事情自己做的意识，做到日常生活能自理，培养个人生活情趣和生活能力，养成良好的劳动习惯。在处理个人生活事务的过程中感知劳动的快乐，改变不会劳动、不想劳动、不珍惜劳动成果的陋习，树立正确的劳动观念。

家庭生活劳动　家庭是人最早接触的社会环境。每个人都有承担家务劳动的责任和义务（图 5-1-1）。在家庭生活中，买菜做饭、打扫卫生、洗碗洗衣、维修器物、照顾家人等都是最常见的家庭劳动，所以具备家务劳动的基本技能技巧、形成健康的家庭生活方式是非常有必要的。明尼苏达大学的马蒂·罗斯曼教授的研究表明：家长鼓励孩子参与家务劳动，能对孩子的未来产生极为重要的影响，可以让他们学会设身处地地为他人着想，增强关爱他人的同理心。同学们可以把参与家务劳动的过程拍摄成视频，在班级展示分享、讨论交流，通过比试家务劳动技能，培养对家庭的责任感。

图 5-1-1
家庭劳动

校园集体劳动　学校通常是同学们接触到的第二个小型社会环境，是建立个体和社会联系的重要场所，同学们可以通过打扫教室卫生、进行教室文化建设、植树绿化、参与校内公共卫生区域的管理等活动培养集体认同和团队精神。大家在劳动中各司其职，互相配合，培养合作意识、担当意识、分享意识和集体荣誉感，有利于促进人际关系的发展和集体意识的形成，有助于更好地了解他人、关怀他人和尊重他人，促进人的社会化（图 5-1-2）。

劳动最光荣

图 5-1-2
校园劳动

二、生产劳动

依托专业实习实训，参与真实的生产劳动，可以帮助我们增强职业认同感和劳动自豪感，提升创意物化能力，培育不断探索、精益求精、追求卓越的工匠精神和爱岗敬业的劳动态度，在实践中熟悉岗位职责、学会了解劳动标准、遵守劳动规则、使用劳动工具、提升劳动技能，同时关注新技术、新材料、新工艺的发展和运用，增强产品的质量意识和创新创业意识，形成"劳动不分贵贱，任何职业都很光荣，任何职业都能出彩"的观念，感受劳动创造的价值及其带来的自豪感和幸福感。（参见 5.2.2 生产劳动实践指导案例）

职业实践体验 职业实践体验主要涵盖校内、校外的生产劳动和服务性劳动的实习实训，体现了职业教育注重能力培养的突出特点。通过对职业岗位的真实还原或高度真实模拟为劳动教育创设实践环境，同学们可以充分体验真实的工作流程，获得直接的职业体验，积累生产与服务经验，提升创意物化能力，培养职业兴趣和爱岗敬业的劳动精神，不断完善职业技能，树立正确的择业观，提升就业能力。

职业竞赛训练 在我国，职业教育每年举办涵盖各专业门类的职业技能大赛，"以赛促学，以赛促教"已成为我国职业教育人才培养的重要模式，也是检验劳动教育成果的重要途径。通过参与各类职业技能竞赛，同学们可以提高职业技能水平，在竞争中培育精益求精、追求卓越的工匠精神，坚定"三百六十行，行行出状元"的信念和"立足岗位、努力拼搏，人人都能为社会创造价值"的理想。

项目设计实践 以工作项目为导向完成若干具有内在联系的综合任务是一种典型的系统化创意实践过程。同学们在学习期间，可以主动从现实生活中的需求出发，选择和确定与专业相关的项目设计实践，通过活动强化规划设计意识，充分发挥自身的主动性、积极性、创造性，对项目实践进行整体构思，综合运用所学知识、技术不断优化行动方案，评估方案的实施效果。通过实践前的计划构想、实践中的观察思考和实践后的反思交流，加深对有关劳动知识、劳动法规和劳动精神的理解，不断提升劳动技能，实现理论学习和实践锻炼的统一（图5-1-3）。同时，强化身体

图 5-1-3
创造性工作

新职业

力行，锤炼意志品质，敢于在困难与挑战中完成行动任务。

三、服务性劳动

同学们在学校定期组织开展的校内外公益性服务劳动中，可以运用专业技能为他人提供相关的公益服务，培育社会公德，厚植爱国爱民的情怀。在公益服务性劳动过程中，同学们可以通过服务社会提升"利他悦己"的幸福感、正确处理人际关系、提高自己的服务意识、检验自己的服务技能。（参见 5.2.3 服务性劳动实践指导案例）

社会志愿服务　是指通过贡献个人的时间和精力，为社会公益事务提供的义务劳动服务。其中包括文明宣传普及、社区爱心服务、参与环境保护和应急救援救助等志愿服务。

1. 文明宣传普及

主要是以社区居民为服务对象，组织开展知识科普、法律维权、安全常识宣讲等宣传教育活动，组织开展对社区群众性文化团体的培训指导工作，开展以公益演出为主要内容的文化展示活动等。在这些活动的开展过程中，同学们可以在提高自身的科学文化素质的同时陶冶道德情操、提升理想境界。

2. 社区爱心服务

积极参与学生社团组织的关爱老人活动，去敬老院照看老人，开展卫生扫除、宿舍清洁整理、为老人做一餐可口的饭菜、陪他们聊天等活动；去福利院看望孩子，陪孩子们做手工、做游戏，给他们讲故事，教他们写字画画，鼓励他们快乐生活、励志成才等。在活动中，同学们可以培养自己尊老爱幼的良好品质和社会公德，践行社会主义核心价值观，有同情之心、仁爱之心、奉献之心，在日后的生活中遇到有需要的群体时能主动伸出援手。

3. 参与环境保护

在校园、社区等公共场所开展节约粮食、节能减排、低碳出行等环保知识的宣传普及活动；参与社区、校园及公共场所的植树绿化、垃圾分类处理的公益活动；在日常生活中，注重快递包装物以及衣服、书籍、纸张、饮料瓶罐等废旧资源的回收利用。以上都是参与环境保护的过程，在这些活动中，我们可以提高环保意识、形成绿色生活的理念，强化社会责任感。

4. 应急救援救助

在面对突发事件时，运用自己掌握的相关知识与能力积极参与防灾避险、及时救助等应急处理的工作，在重大自然灾害、突发公共卫生事件发生时，勇敢投身于救援救助、安置群众、安抚心理、维持秩序等工作，提高我们的应急处置能力和维护国家安全的使命感。

校园环境创设   校园环境创设既是公益服务性劳动，也是课堂教育的延伸，它对于学生关注生活环境、学习美化校园的技能、施展个人的创意能力、提升个人的审美趣味有着极其重要的意义。职业院校的校园环境创设劳动主要包含以下两种形式。

1. 营造劳动教育氛围

参与设计校园劳动教育专栏，讲述劳动故事，使校园文化与劳动文化相结合。向大家宣传劳动知识，方便其了解劳动的目的与意义、劳动者素质、劳动安全、劳动法规，形成人人知劳动、会劳动、能劳动的良好氛围，实现潜移默化的育人效果。

顺应信息化、网络化、智能化的时代潮流，通过维护学校公众号平台，及时发布校园动态，跟进与劳动教育相关的报道，宣传劳模、工匠的优秀事迹，从学生群体中挖掘热爱劳动的小标兵，用同伴的感召力激励大家参与到校园环境创设的活动中。

2. 开展劳动主题教育活动

以专业为特色开展劳动主题教育活动，例如，以"我们身边的劳动标兵""垃圾分类从我做起""劳动安全知识竞赛"等为主题，开展校园劳动教育实践活动，将劳动教育与校园文明建设紧密结合。通过"劳动教育摄影展""劳模工匠故事会""大国工匠进课堂"等活动宣传"劳动者最光荣、劳动者最崇高、劳动者最幸福"的时代之声，让同学们在校园生活中感受劳动氛围，接受劳动精神的熏陶。

5.1.3　劳动实践的设计与实施

劳动实践的
设计与实施

一、劳动实践的可行性分析

在我们开展劳动实践前，首先要确定劳动实践的内容、方式、时间、地点、规模等要素，并对该活动的可行性进行分析。比如，我们是否有能力从事该项活动、预期的目标是什么、相应的成本有多少、可能的风险有哪些等。可行性分析应基于主观与客观两个维度。主观方面主要要求劳动实践的目标设计与实施过程应在法律、法规许可的范围之内，并与社会主义核心价值观保持一致；劳动实践的方式、内容能被参与者所接受，并在其能力范围内；实践活动能够使参与者在劳动认知、技能、情感等方面获得提升。客观方面主要要求开展劳动实践的时间应与其他教学时间统筹安排；选取交通便捷、空间充足的活动地点；具备必要的物质条件保障；配备相应数量活动的指导人员；活动项目无安全隐患；活动项目成本可控。在劳动实践要素满足主客观要求的同时，同学们还应根据个人的具体情况，结合活动内容梳理劳动实践的各项要素，找准重点、难点，确保实践活动的顺利开展。

二、劳动实践的内容选择

劳动实践内容的选择直接决定劳动实践的效果，内容选择得当，效果事半功倍。实践内容应尽可能地与自身学业发展及生活密切相关，既可以选取与本人的专业知识紧密结合的劳动实践，也可以参加与个人生活相关的卫生清扫、烹饪等劳动实践。此外，实践的内容应具备一定的趣味性和竞赛性，充分调动参与者的积极性，避免因简单重复劳动导致参与者产生厌烦情绪，从而降低劳动实践效果。实践内容所涉及的知识不宜超出参与者的认识范畴，确保其能够理解实践内容；实践难度应略高于参与者的现有能力，使其在实践中不断提升自身自我并最终胜任实践工作；鉴于所有参与者未必都具有相应的经验储备，内容设计应适于同等基础的参与者。

三、劳动实践的活动设计

在选择劳动实践项目后，要对劳动实践进行完整的活动设计，确定实践的流程、环节，梳理活动所需的保障支持，这是实施前的谋划过程，也是对活动可行性的再审视。活动设计是劳动实践的思维预演，也是劳动实践的重要组成部分，同学们尽可能自己完成，共同参与商议策划，以众人的智慧弥补经验的不足，以活跃的思维激发新颖的创意，做出贴合学习与实践规律、适应自身情况的设计方案。劳动实践设计要遵循由易到难、循序渐进的原则，强调脑体结合及劳动价值观的体现。主要关注活动目标的确定、参与者经验与能力的分析，把握活动的重点及难点，注重活动过程的设置、活动安全的保障、活动评价标准的设定等内容，通过合理的设计，深化参与者的劳动认知、磨炼劳动意识、提升劳动技能、积累劳动经验、分享劳动喜悦。

四、劳动实践的实施要点

在劳动实践活动的设计与组织时，要特别关注以下五点。

第一，通过正规渠道开展劳动实践，以确保活动的专业性、合规性、安全性。例如，学校、政府、党团组织、社会服务机构、国有企业、事业单位都是可靠的合作者。

第二，在劳动实践开展前，应做好动员和培训工作，告知参与者劳动实践的全部内容，阐明须遵守的规则，提出明确、详细的要求，帮助其做好心理预热及知识、技能、身心等方面的准备。

第三，为确保活动顺利开展，同学们可以请学校、实践场所管理单位、实践活动服务单位配备教师和指导人员，使其全程参与并提供支持。

第四，要特别关注活动的安全性，提前对实践环境、安全保障措施、工具设备、劳保用品进行检查，督促参与者遵守安全规章制度，提高警惕性，严防各类安全事故的发生。

第五，在劳动实践过程中要端正劳动态度，谨记参加劳动实践的目的，充分发挥劳动精神，不贪图安逸，不计较得失，真正在劳动实践中得到锻炼、取得收获。

5.2　劳动实践指导案例

　　《中共中央　国务院关于全面加强新时代大中小学劳动教育的意见》明确指出："职业院校以实习实训课为主要载体开展劳动教育""根据需要编写劳动实践指导手册，明确教学目标、活动设计、工具使用、考核评价、安全保护等劳动教育要求""高等学校要注重围绕创新创业，结合学科和专业积极开展实习实训、专业服务、社会实践、勤工助学等，重视新知识、新技术、新工艺、新方法应用，创造性地解决实际问题，使学生增强诚实劳动意识，积累职业经验，提升就业创业能力，树立正确择业观，具有到艰苦地区和行业工作的奋斗精神，懂得空谈误国、实干兴邦的深刻道理；注重培育公共服务意识，使学生具有面对重大疫情、灾害等危机主动作为的奉献精神"[2]。

　　根据该文件精神，本节设计了劳动实践指导案例，旨在为同学们参与劳动实践提供思路和参考。

日常生活劳动

开展日常生活劳动，自我管理生活，提高劳动自立自强的意识和能力

整理前

整理后

● 认真做好家务劳动和校园生活劳动

生产劳动

依托实习实训，参与真实的生产劳动，增强职业认同感，提升创意物化能力

重视理论学习，提高职业素养

● 加强技能培训，提升就业竞争力

服务性劳动

开展校内外公益服务性劳动，做好校园环境秩序维护，运用专业技能为社会、为他人提供相关公益服务，培育社会公德，厚植爱国爱民的情怀

原则：自愿,无偿,平等,诚信,合法

中国青年志愿者

奉献+友爱+互助+进步=志愿者精神

16世纪，名著《乌托邦》描绘空想社会主义的世界出现义务劳动概念

义务劳动

20世纪10年代，莫斯科·喀山机车工人首创"星期六义务劳动"

20世纪60年代，以"向雷锋同志学习"为号召，倡导群众性义务劳动

20世纪80年代，北京火车站前，"五讲四美"义务劳动

● 参加义务劳动，培育社会责任感

● 参与志愿服务，实现个人价值和社会幸福的统一

奋斗成就梦想　劳动开辟未来

5.2.1　日常生活劳动实践指导案例

日常生活劳动实践指导案例

垃圾分类宣讲普及

一、活动设计基本信息			
活动名称	垃圾分类宣讲普及	**活动类型**	日常生活管理
活动地点	学校以及社区	**活动规模**	面向全校学生
活动设施与材料	模拟垃圾箱、手机、横幅、艺术框	**活动时间**	年　月　日至　月　日

二、活动内容分析	
活动内容	通过线上答题、知识问答、模拟垃圾投放、社区宣讲等活动，让垃圾分类的理念深入人心，使同学们养成良好的行为习惯，共建和谐美好的校园环境
学情分析	当前部分同学由于参与劳动实践活动较少，存在着对垃圾分类的知识不了解，甚至轻视垃圾分类的现象。本次劳动实践活动可以加强同学们垃圾分类的意识，引导大家树立正确的劳动观

三、活动目标及要求	
活动目标	1. 通过开展垃圾分类宣讲普及活动，教育并引导同学们养成良好的生活习惯，培养其保护环境的意识，在全校营造良好的环保氛围 　2. 在垃圾分类的实践中体会劳动的辛苦，从点滴做起，改变生活习惯、提升文明素养，形成节约资源的理念。争做新时代的环保人，共建和谐校园
活动要求	1. 让同学们参与垃圾分类、社区宣讲等实践活动，使其在亲身体验中进一步加深对垃圾分类理念的理解 　2. 让同学们在活动中掌握垃圾分类的要求，使绿色、低碳、环保的理念深入人心，提高其自觉爱护环境的意识

续表

四、活动设计	
设计思路	开展线上答题、知识问答等活动，让垃圾分类、正确投放的理念深入人心，在全校塑造"环保、绿色、节约"的良好氛围，主动将"我想"的意识转化为"我能"的行动。通过垃圾分类活动，引导同学们自觉将节约、环保的意识内化于心、外化于行。通过社区宣讲的活动让同学们在义务劳动中体会到垃圾分类的重要性，将自己所学所知的环保理念落实到具体行动上，获得荣誉感和幸福感，进一步加深对劳动的认知，体悟到劳动成果的来之不易，树立正确的劳动价值观
活动流程	垃圾分类活动 前期准备工作 — 制订方案 — 准备材料 — 确定现场 具体活动流程 — 答题与抽奖 — 签名活动 — 模拟垃圾投放 — 社区宣讲 分享总结 — 分享交流 — 总结报告

五、活动实施过程		
活动环节	活动详细过程	活动设计意图
前期准备工作	1. 制定活动方案 由学校团委和学生会牵头组织制定活动方案，确定活动的内容、时间、活动场地及其布置等要求 2. 准备活动所需的材料 宣传条幅，海报的设计与制作，其他工具和材料 3. 实践活动安排 提前和相关人员确定活动内容、时间、规模及现场准备	同学们自己动手、全程参与，有助于提高自身的组织能力、沟通能力和协调能力

续表

活动环节	活动详细过程	活动设计意图
前期准备工作	4．活动现场布置 在校园的空地搭建宣传帐篷，并悬挂垃圾分类活动的宣传横幅，由数名学生在学校各处分发垃圾分类的宣传单	同学们自己动手、全程参与，有助于提高自身的组织能力、沟通能力和协调能力
答题抽奖	将垃圾分类宣传册分发给现场的每一位同学（图 5-2-1），让他们快速学习垃圾分类的相关知识，然后用微信扫描有奖竞答问卷的二维码进行测验，检视知识的掌握情况，答题结束后有机会获得精美礼品  图 5-2-1　分发宣传册	通过此活动，增进同学们对垃圾分类知识的了解，为后续的实践活动做好铺垫
签名活动	由学校团委、学生会组织各学院志愿者给同学们讲解环保知识，并邀请他们参加垃圾分类的意愿调查和签名活动（图 5-2-2）  图 5-2-2　签名活动	通过意愿调查，了解同学们对垃圾分类的态度，从而推动垃圾分类活动的开展

续表

活动环节	活动详细过程	活动设计意图
模拟垃圾投放	同学们提前学习垃圾分类知识，领取"模拟垃圾"（即写有不同垃圾类型的小卡片），把"模拟垃圾"投入不同颜色和标识的小垃圾桶中（图5-2-3），给垃圾找到合适的家，得分高的同学可以领取精美小礼品 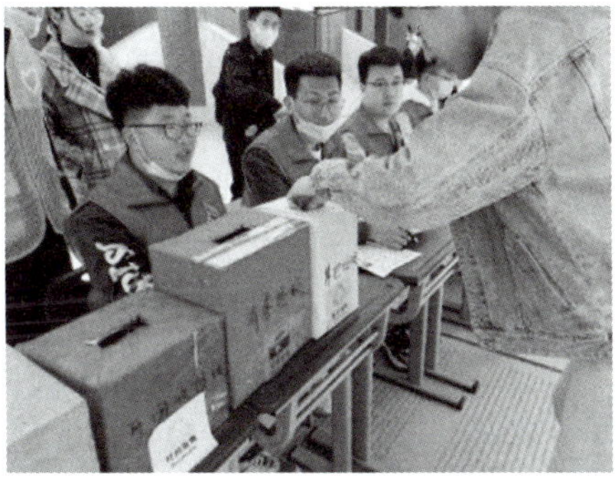 图 5-2-3　模拟垃圾投放	通过模拟垃圾投放，检验同学们对于垃圾分类知识的掌握情况，鼓励大家积极参与，做好垃圾分类
社区宣讲	深入社区，为居民发放垃圾分类宣传册，耐心普及垃圾分类知识，讲述不分类的垃圾对环境造成的危害，引导居民学会正确的分类方法	在为他人义务宣讲的同时加深自己对环保的认识，养成自觉保护环境的习惯
分享体会	1. 现场交流 活动结束后，分享活动过程中的趣事 2. 总结报告 参与垃圾分类宣讲普及活动的同学撰写500字左右的心得体会，推选2~3名同学在班级内分享对此次活动的认识以及劳动的感受	通过参与活动获得成就感，进一步增强劳动热情，培养低碳环保的意识，争做生态文明的践行者

六、工具使用与安全保护

1. 工具使用

（1）能使用剪刀、胶水等工具制作纸质垃圾箱

（2）能使用螺丝刀、扳手等工具搭建活动帐篷

2. 安全保护

（1）在活动现场要服从指挥，有序活动，严禁嬉戏打闹，不做危险行为

（2）掌握安全处理有毒、有害垃圾的方法，避免受到伤害

续表

七、活动考核评价					
出勤	劳动能力	劳动态度	劳动效果	劳动安全意识	劳动体会总结
40%	10%	20%	10%	10%	10%

八、活动总结与反思	
总结反思	整个活动从策划到实施，同学们付出了劳动与智慧，不仅锻炼了自己的组织、沟通能力，还磨炼了意志、获得了成长。通过此次活动，同学们了解了垃圾分类的意义，在参与活动中不仅得到了物质的奖励，而且获得了精神的满足。此次活动有助于同学们养成垃圾分类的良好习惯，形成节约环保、绿色生态的意识，争做生态环保小卫士，将垃圾分类的理念传递给他人

文明宿舍建设

一、活动设计基本信息			
活动名称	文明宿舍建设	活动类型	日常生活管理
活动地点	宿舍楼	活动规模	全体在校学生
活动设施与材料	宣传横幅、扫把、抹布、拖把等	活动时间	年　月　日至　月　日

二、活动内容分析	
活动内容	1. 确定活动周期，在学生公寓开展"清扫—检查—再清扫—检查评比—表彰"等系列活动 2. 通过公寓电视墙、学校公众号以及班会等形式，将活动时间、方式、内容、意义、要求等提前传达给每一名住宿生 3. 公寓管理人员全力配合此项活动
学情分析	宿舍管理是同学们在校期间面临的主要劳动内容之一。不少同学没有集体生活的经历，缺乏自我管理的意识。在家中，许多生活问题由家长代劳，因此缺乏自理能力和良好的个人卫生习惯

三、活动目标及要求	
活动目标	1. 以公寓内务管理细则为考核标准，通过宿舍内务整理、卫生清洁等活动，培养住宿生养成良好的生活习惯 2. 评选文明宿舍，激励学生创造良好的公寓环境 3. 此活动以学生为主体，教师进行指导。提升同学们的自我管理能力和组织能力，让全体住宿生通过建设良好的居住环境加深对宿舍标准化管理的理解 4. 通过此次活动，让同学们对劳动育人、环境育人有更深刻的认识并产生心理认同
活动要求	1. 提升环境育人的体验感和关注度 2. 提高学生的内务整理能力、自律能力 3. 通过集体劳动加强舍友间的关系 4. 通过参与宿舍环境管理，树立个人卫生意识和公共卫生意识

续表

	四、活动设计
设计思路	宿舍是每位同学居住与学习的场所，通过宿舍检查、评比等活动，大家可以感受到整洁的宿舍环境带来的舒适感与美感，培养良好的个人卫生习惯和个人素养
活动流程	

	五、活动实施过程	
活动环节	活动详细过程	活动设计意图
前期准备工作	1. 制订公寓管理细则 老师、学生共同商议确定宿舍内务整理标准 2. 组建师生查宿团队 由老师和学生共同组建文明宿舍评选团，并进行统一培训 3. 发布信息 在活动前，将评比标准、内容及要求及时传达给每一名住宿生	参与宿舍管理的全过程，锻炼同学们的自律能力和自我管理意识，尽量做到全员覆盖，让更多的同学参与其中

续表

活动环节	活动详细过程	活动设计意图
技术演示 与讲解	宿舍物品摆放要求 1. 寝室 室内门：保持大门清洁、无损坏。门内张贴消防疏散图和值日表 床上：床单干净平整，被子叠好放在靠窗一侧，枕头平放在靠门一侧。床上无其他物品 床架：可将毛巾洗净后平整挂在床架上 床梯：凡床梯在靠窗一侧的，被子可往墙体一侧放，但摆放方向不变；床梯下可摆放一双室内拖鞋 书桌：保持桌面干净整洁；无外接电源；水杯及文具统一放到桌面某一侧 书架：所有书籍应按大小整齐摆放，小于40厘米的毛绒玩具及常用工具可整齐放于书架上 椅子：平时不在宿舍或不使用椅子时，将其放到书桌下方 衣柜：24寸至28寸的行李箱可用于收纳过季衣物，并将其放置于衣柜内，当季换洗衣物及日用品放置于衣柜内；当日不穿的鞋存放于柜内下方；手提电脑不用时可存于衣柜内，但需加锁，且保管好钥匙 抽屉：常用小件杂物均需放于抽屉内 蚊帐架、蚊帐钩：用于夏天挂蚊帐用，禁止挂其他物品 地面：随时清扫，保持干净整洁 2. 阳台 行李架：小于24寸的行李箱可置放于行李架上方的空格内；暖瓶、洗漱用品及脸盆、鞋子应放于行李架相应的空格内 洁具：保持干净，存放于行李架对面的角落里 窗帘：白天统一拉到行李架一侧	明确公寓管理细则，为后续动手实践环节提供可遵循的标准，也为评选文明宿舍提供依据

活动环节	活动详细过程	活动设计意图
技术演示与讲解	3. 室外 门外：不堆放垃圾，不乱泼乱倒，保持门前干净整洁 储物室：可将大于 28 寸的行李箱存放于储物室内，储物室每周开放一次，供同学取放物品	明确公寓管理细则，为后续动手实践环节提供可遵循的标准，也为评选文明宿舍提供依据
动手实践	1. 组建查宿团队，并对成员进行培训，保证检查标准的一致性。在实际工作中，以学生宿管会为主体，加入其他学生骨干及宿舍管理人员，对宿舍进行两次全面检查 2. 根据检查结果进行评优，评选结果与公寓管理人员日常检查结果进行比对，从中淘汰日常卫生较差的宿舍 3. 公布最终评比结果并进行表彰（图 5-2-4），为优秀宿舍录制微视频，通过电视墙、公众号等方式分享给全校师生，激励大家创造良好的生活环境 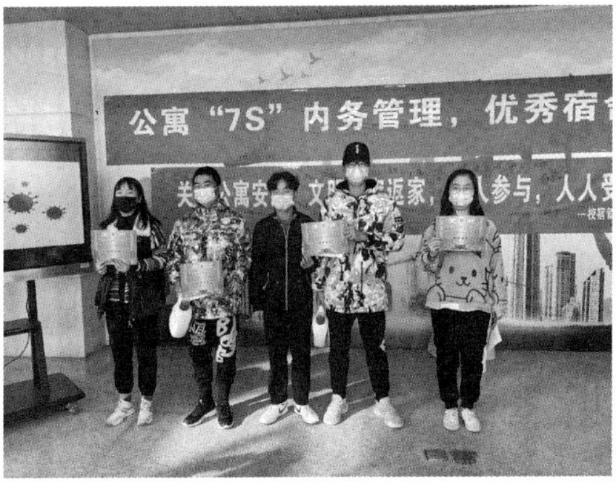 图 5-2-4　优秀宿舍表彰留影	通过全面检查、互相评比，同学们感受到劳动的荣誉感。引导大家进行自我管理，提高自律能力，让劳动意识渗入生活的各个方面
现场整理	1. 回收清点宣传横幅等活动道具 2. 整理清除活动过程中产生的垃圾	通过整理现场，培养同学们保护公共环境、爱护公共财物的意识

续表

活动环节	活动详细过程	活动设计意图
分享体会	1. 现场交流 活动结束后，分享活动过程中的趣事 2. 总结报告 撰写宿舍管理建议；就个人劳动、集体劳动谈谈自己对劳动创造美好生活的体会；策划一个学校劳动实践活动并列出活动提纲	让同学们在集体劳动中增进与舍友的关系，为宿舍的文明管理提供建议，增强自我管理意识

六、工具使用与安全保护

1. 工具使用

（1）掌握扫把、簸箕、抹布、墩布等常用清洁工具的使用方法

（2）掌握清洁剂等化学清洁用品的使用方法

2. 安全保护

（1）认真阅读化学清洁用品的使用注意事项，并按要求使用防护用具

（2）整理高处物品时需要同伴陪同并做好保护，严禁违规登高

七、活动考核评价

出勤	劳动能力	劳动态度	劳动效果	劳动安全意识	劳动体会总结
5%	30%	20%	30%	5%	10%

八、活动总结与反思

总结反思	文明宿舍建设的活动改善了公寓环境，让同学们增强了自我管理意识，促进了其素质的提升。在集体劳动中，大家也锻炼了与他人沟通、合作及集体生活管理和劳动能力，为日后独立自主地生活奠定基础

生产劳动实
践指导案例

5.2.2　生产劳动实践指导案例

机电产品生产

<table>
<tr><td colspan="4">一、活动设计基本信息</td></tr>
<tr><td>活动名称</td><td>机电产品生产</td><td>活动类型</td><td>生产劳动</td></tr>
<tr><td>活动地点</td><td>教仪产品生产车间</td><td>活动规模</td><td>10～12人为一组</td></tr>
<tr><td>活动设施
与材料</td><td>机电产品生产
设备与材料</td><td>活动时间</td><td>年　月　日至　月　日</td></tr>
<tr><td colspan="4">二、活动内容分析</td></tr>
<tr><td>活动内容</td><td colspan="3">　　通过深入企业生产一线，参与产品的生产、组装、调试、维修，了解产品生产与服务的过程，切身体验一线工人的生产劳动。同学们以小组为单位，参与完成机械装配、电气装配、产品检验和系统集成等工作，在劳动中学习安全规范、明确岗位职责、掌握操作要求、培养质量意识和工匠精神</td></tr>
<tr><td>学情分析</td><td colspan="3">　　机电类专业学生对企业生产劳动的真实场景接触较少，在工作中难免存在紧张和畏难情绪，学校教师和企业实习导师在要求同学们积极参与生产活动的同时，帮助大家调适心理，培养其安全意识、质量意识和一丝不苟的劳动态度</td></tr>
<tr><td colspan="4">三、活动目标及要求</td></tr>
<tr><td>活动目标</td><td colspan="3">　　1. 通过深入企业参与生产劳动，同学们可以了解生产一线的管理模式和工作环境，明确安全规范、工艺标准在生产劳动中的重要性
　　2. 严格按照质量要求进行，培养学生精益求精的工匠精神</td></tr>
<tr><td>活动要求</td><td colspan="3">　　1. 掌握扎实的理论知识和相关技能，并能将其有效迁移到工作岗位中
　　2. 结合企业生产劳动中发生的实际问题，向企业实习导师请教，在劳动实践中提高学习的热情
　　3. 体验企业一线生产与日常校内实训的区别，树立爱岗敬业的劳动态度</td></tr>
</table>

续表

四、活动设计	
设计思路	同学们到企业生产一线，在了解产品生产过程和基本的生产技术要求后，分工进入不同的生产岗位，实际参与生产、检验等各个环节，了解企业生产的法规和要求，在企业导师的指导下出色地完成生产任务。在实践过程中，不断提高技术实践能力，结合产品的质量要求，加深对工匠精神的理解，通过自己的劳动创造获得成就感，实现自我价值
活动流程	机电产品生产活动 前期准备：方案定制、对接企业、签订协议 具体活动流程：企业介绍、生产观摩、技术讲解、小组分工、动手实践、现场整理 分享总结：分享交流、总结报告

五、活动实施过程		
活动环节	活动详细过程	活动设计意图
前期准备工作	1. 对接合作企业 指导教师与企业对接，确定生产实践活动开展的时间、人数、内容和形式、生产实践费用及劳务费用等 2. 制订活动方案 10～12人为一组，确定各生产小组负责人 3. 签订相关协议 根据校企双方的需求签订合作协议、保密协议等	让同学们在劳动中树立主人翁意识，锻炼整体筹划的能力，培养法律意识

活动环节	活动详细过程	活动设计意图
生产劳动认知	1．现场参观 在企业导师的引领下参观企业产品展厅、生产车间，了解企业背景、企业文化、生产劳动环境和生产过程（图 5-2-5）  图 5-2-5　企业导师进行讲解 2．产品介绍 由企业导师为大家讲解本公司的优势产品及其工作原理	同学们可以了解企业生产环境与学校实训环境的区别，了解企业背景，感受企业文化
技术演示与讲解	1．生产技术演示 由企业一线技术工人现场演示操作过程，以便同学们掌握生产的具体方法和技巧 2．培训讲解 由企业导师讲解具体操作规范、安全要求和质量要求，并进行演示 3．小组分工 根据现场实际生产的需要，每个小组参与一个生产环节	同学们可以了解企业生产的操作方法、安全要求、质量标准等内容

续表

活动环节	活动详细过程	活动设计意图

动手实践	1. 机械装配
	  机械模块装配组在企业导师的指导下，协助技术工人按照设计图的要求进行装配工作，在掌握劳动技巧后进行独立操作
	  2. 电气装配
	  电气线路装配组在企业导师的指导下，按照接线图的要求进行电气线路的连接和装配工作
	  3. 模块功能检验
	  功能检验组在企业导师的指导下，按照企业规定的产品技术要求和检测标准对完成装配的模块进行检验，做好数据记录，并将合格产品入库，不合格的产品返回生产线进行返工处理
	  4. 设备集成
	  设备集成组在企业导师的指导下，按照系统结构图将生产完成的各个机械模块和电气模块集成组装到设备平台上，并协助工程师完成设备的调试工作
		在机械装配岗位，同学们可以学习机械图纸的识读、不同的机械工具的正确使用方法；在电气装配岗位，同学们可以学习电气接线图的识读、电工工具的使用方法。在装配过程中，同学们可以大幅提高学生的动手实践能力
		  在功能检验岗位，同学们可以学习产品检验的方法，并在劳动过程中增强质量意识
		  通过不同的岗位分工合作，最终共同完成一件产品的生产制造，可以提高大家的合作能力，获得成就感

现场整理	1. 清点归置劳动工具，将桌椅归位 2. 清洁工作区域，将生产过程中产生的垃圾进行分类处理	了解企业安全卫生管理规定，加强环保意识

分享体会	1. 分享交流
	  活动结束后，各小组成员在企业导师的指导下讨论专业知识与实际劳动生产之间的联系，总结劳动中存在的不足及需要注意的问题
	  2. 总结报告
	  活动后每人撰写实习报告，谈谈自己对劳动价值理解和对劳动精神的体会
		通过总结不足不断提高对劳动实践的认识；通过分享劳动体会进一步增强劳动情感

续表

六、工具使用与安全保护

1．工具使用

（1）能够正确选择合适规格的内六角扳手、十字螺丝刀、一字螺丝刀，并利用工具进行机械部件的装配

（2）能够正确使用水口钳、剥线钳、压线钳等工具处理和连接导线

（3）能够正确使用万用表进行电路检测

2．安全保护

（1）接线和维修工作必须断电进行

（2）留长发的同学应将头发盘起并佩戴工作帽

（3）着装应符合岗位要求，领口、袖口、下摆收紧，穿长裤，不能穿拖鞋或凉鞋

七、活动考核评价					
出勤	劳动能力	劳动态度	劳动效果	劳动安全意识	劳动体会总结
40%	10%	20%	10%	10%	10%

八、活动总结与反思	
总结反思	通过参与真实的生产劳动，同学们对劳动规范有了进一步的认知。在企业生产一线，同学们可以了解企业文化、生产经营理念、生产质量的具体要求以及劳动安全与卫生保障要求 通过企业导师的介绍和对生产过程的体验，同学们对于真实的生产过程有了更深的了解，增强了劳动意识，提高了生产能力，基本达到了机械装配与电气装配岗位的上岗要求，在产品检验岗位工作的同学也进一步提高了质量意识。在企业导师的指导下，大家完成了生产任务，收获了极大的成就感

机床的维护与保养

一、活动设计基本信息

活动名称	机床的维护与保养	活动类型	生产劳动
活动地点	实训室	活动规模	以班级为单位参加活动
活动设施与材料	机床、毛刷、棉布、清洗剂等	活动时间	年　月　日至　月　日

二、活动内容分析

活动内容	通过维护与保养实训仪器设备，同学们可以树立爱岗敬业的劳动态度和辛勤劳动的观念 1. 用毛刷清扫机床床身 2. 用棉布擦拭机床 3. 用扫把和簸箕清扫机床托盘和周围的杂物 4. 用清洗剂清除非工作面的顽固污渍 5. 对机床各部位进行润滑处理
学情分析	在实训过程中，有的同学存在怕脏、怕累、怕苦的逃避心理，而有的同学则表现出不敢干、不会干的畏难情绪。只有从基础工作做起，才能培养大家对专业的感情和爱岗敬业的精神，端正参加劳动活动的态度

三、活动目标及要求

活动目标	1. 创造干净整洁的实训环境，培养爱岗敬业的意识 2. 学习维护与保养设备的标准与要求，感受精益求精的工匠精神 3. 形成正确的劳动观，能积极主动地劳动，维护工作环境与设施
活动要求	1. 认识机床结构及其维护保养的基本操作 2. 可以高效率、高标准地完成维护与保养工作 3. 能克服怕脏、怕苦、怕累的心理，积极主动地参加劳动

四、活动设计

设计思路	企业生产劳动以让学生完成具体的劳动任务为主，在实践中学会做事，在做事中学会做人。通过清理机床、保养设备，同学们可以了解其基本结构和工作方式，学会基本的劳动技能，培养不怕脏、不怕累、不怕苦的劳动品质，以及做事严谨、一丝不苟的敬业精神，当面临苦活、累活时能够做到"能干、敢干、会干"

续表

活动流程	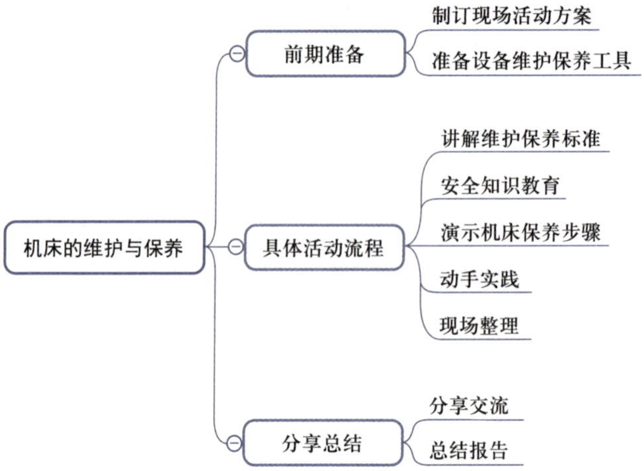

五、活动实施过程

活动环节	活动详细过程	活动设计意图
讲解与演示	1. 进行安全教育 2. 讲解机床的功用 3. 讲解与演示机床的工作方式 4. 讲解与演示清洁与保养机床的具体方法	立足工作岗位，培养同学们在劳动中的主人翁意识，锻炼其筹划能力
动手实践	1. 用毛刷清扫床身各处的杂物 　用毛刷清理机床床头、导轨、床身等部位的铁屑及其他杂物（图 5-2-6），为后续的工作做好准备  图 5-2-6　清扫机床 2. 用使用过的棉布擦拭机床各部位 　机床上一般会有一些油污和杂物碎屑，相对较脏，先用使用过的棉布仔细擦拭，提高棉布利用率	设备处于良好的状态是更好地完成工作的基础。让同学们发扬不怕脏、不怕苦的精神，在保持职业规范的同时，提高清洁工具的利用率，创造良好的工作环境，培养爱岗敬业的精神

续表

活动环节	活动详细过程	活动设计意图
动手实践	3. 用扫把和簸箕清扫机床托盘和周围的杂物 将机床上的杂物及周围环境打扫干净，并把垃圾扔进垃圾桶中（图 5-2-7）  图 5-2-7　清理杂物 4. 用清洁剂清除非工作面的顽固污渍 用清洁剂进行清洗机床床身上的油污，但不要冒然处理工作台面，否则会造成磨损，工作面应用专用清洁剂 5. 用干净棉布擦拭机床各部位 最后用干净的棉布按"从上到下，从左到右"的顺序整体擦一遍，确保机床的干净整洁 6. 对机床各部位进行润滑 机床干净后需要对机床进行润滑，这对提高机床的使用年限具有重要意义。在润滑过程中会再次出现黑色油污，需要反复进行"浇油—移动机床的活动部分—擦拭干净"的操作，直到没有黑色油污为止	设备处于良好的状态是更好地完成工作的基础。让同学们发扬不怕脏、不怕苦的精神，在保持职业规范的同时，提高清洁工具的利用率，创造良好的工作环境，培养爱岗敬业的精神
分享体会	通过参加此次活动，同学们分享了自己的体会： 1. 此次活动丰富了自己的知识和技能，学会了做事的方法，在面对劳动任务时减少畏难情绪 2. 体验基础劳动，感受了劳动的意义，体会在劳动中付出、在劳动中收获的道理 3. 收获了劳动的成就感，焕发了劳动热情，做到勤于劳动、敢于劳动、善于劳动 总之，同学们在劳动中丰富了自己的认知，在具体的劳动实践中提升了自身的学习能力、适应能力和实践操作能力，进而有效提升了就业能力	

续表

六、工具使用与安全保护

1．工具使用

（1）会使用毛刷、扫把、棉布等清洁工具

（2）会使用油枪等注油工具

2．安全保护

（1）进入实训场地前要穿好工作服，长发者必须戴好工作帽，并将长发盘在工作帽内

（2）进入实训场地后要严格按照安全规定进行操作，听从指导教师的安排，严禁嬉戏打闹

七、活动考核评价

出勤	劳动能力	劳动态度	劳动效果	劳动安全意识	劳动体会总结
10%	30%	20%	20%	10%	10%

八、活动总结与反思

总结反思	此活动方案详细、合理，活动环节的设计能激发同学们积极参与的热情，实现动手动脑的目的。在活动中，同学们态度端正，表现积极，不怕脏、不怕苦、不怕累，能主动劳动、集思广益、团结合作，共同克服困难、完成任务。本次活动效果良好，为之后开展更有意义、有价值的活动积累了经验

5.2.3 服务性劳动实践指导案例

服务性劳动实践指导案例

关 爱 老 人

一、活动设计基本信息			
活动名称	关爱老人	活动类型	服务性劳动
活动地点	敬老院	活动规模	5人为一组
活动设施与材料	水果、面粉、肉馅、菜、烹饪炊具与餐具	活动时间	年 月 日至 月 日
二、活动内容分析			
活动内容	1. 每5名同学为一组，以小组为单位与敬老院老人组——对接开展敬老爱老活动，培养热爱劳动、主动奉献的精神 2. 在敬老院打扫卫生，帮助老人整理房间 3. 在为老人包饺子的过程中，和老人一起聊天，为老人带来关怀和喜悦，获得为他人服务的成就感 4. 通过此劳动，传承孝敬、关爱老人的传统美德，增强社会责任感		
学情分析	同学们参与服务性的劳动较少，在家中做家务的次数不多，生活技能的熟练程度较差，活动过程中大家可以向管理人员、向有能力的同学及老人学习，培养敬爱老人的意识，端正劳动态度，掌握劳动技能，增强服务他人的荣誉感 有些同学在服务过程中可能会有一些抵触情绪，要将大家按能力水平的不同穿插分组，一方面可以起到相互帮助的作用，另一方面，会劳动的学生可以发挥榜样作用，带动其他同学投入劳动中		
三、活动目标及要求			
活动目标	1. 让同学们掌握一些基本生活技能，培养其生存与发展的基本劳动能力，形成良好的劳动习惯 2. 弘扬中华民族的传统美德，加强思想道德教育，培养同学们敬老爱老的社会责任感 3. 培养热爱劳动、尊重普通劳动者的意识，培养服务和奉献的劳动精神		

续表

活动要求	1. 学会做卫生的方法与规范 2. 能高标准、高效率地完成日常生活劳动 3. 克服怕苦、怕脏、怕累的心理，积极主动地参加劳动
四、活动设计	
设计思路	通过擦玻璃、打扫地面、整理房间的基本劳动，营造干净整洁的居住环境，培养同学们服务、奉献的劳动精神 　　设计"与老人一起包饺子"的活动，让同学们学习基本技能，在包饺子过程中增进与老人的感情，懂得陪伴的意义，培养敬老爱老的传统美德以及对家庭和社会的责任感
活动流程	关爱老人活动 前期准备——制订活动方案、对接敬老院 具体活动流程——活动讲解、小组分工、卫生清洁、包饺子 分享总结——分享交流、总结报告

五、活动实施过程

活动环节	活动详细过程	活动设计意图
前期准备工作	1. 制订活动方案 　　小组讨论制订活动内容、活动过程、小组成员分工、劳动标准要求等活动方案 　　2. 对接敬老院 　　针对制订的方案与敬老院进行对接，与管理人员协商后，确定活动的时间、内容、场地和设施等 　　3. 准备活动所需的材料 　　如日常生活用品、慰问品、劳动工具等	锻炼同学们的筹划能力，培养服务和奉献精神

续表

活动环节	活动详细过程	活动设计意图
动手实践	1. 到达劳动场所 在敬老院管理人员和教师的带领下，同学们以良好的精神状态到达敬老院，得到老人们的热烈欢迎并合影留念（图 5-2-8）  图 5-2-8　老人欢迎同学们的到来 2. 进行卫生扫除 同学们分组后，开始擦玻璃、拖地、擦拭桌椅、整理床铺、整理生活用品等劳动（图 5-2-9）。和老人们一起分享劳动成果，得到老人的表扬，获得劳动的成就感  图 5-2-9　帮助工作人员擦玻璃	良好的状态是做好工作的前提，活动负责人要激发同学们的热情，使其以饱满的精神状态投入工作之中 锻炼同学们的基本生活技能，注重做事的规范性和条理性，培养其服务意识 在活动过程中，同学们可以体会到劳动带来的快乐和满足，学会与老人相处，学会做一个倾听者，培养敬老、爱老的意识与责任感

续表

活动环节	活动详细过程	活动设计意图
动手实践	3. 包饺子 　同学们和老人一起和面、调制饺子馅、擀皮儿、包饺子（图 5-2-10）。一边劳动，一边和老人聊天，话题从敬老院的居住环境到老人们的家庭情况，再到他们丰富的生活阅历，同学们也向老人们介绍了自己在大学的生活情况，和谐欢乐的场面使人感觉轻松愉悦 图 5-2-10　和老人一起包饺子	良好的状态是做好工作的前提，活动负责人要激发同学们的热情，使其以饱满的精神状态投入工作之中 　锻炼同学们的基本生活技能，注重做事的规范性和条理性，培养其服务意识 　在活动过程中，同学们可以体会到劳动带来的快乐和满足，学会与老人相处，学会做一个倾听者，培养敬老、爱老的意识与责任感
分享体会	1. 现场交流 　活动结束后，小组成员分享劳动心得 2. 总结报告 　活动结束后，每人撰写 500 字的总结报告，就此次活动谈谈自己的收获与感想	体悟对劳动的认识和思想状态的变化，分享劳动的收获

六、工具使用与安全保护

1. 工具使用
（1）会使用扫把、拖把、玻璃刮水器等清洁工具
（2）注意餐具、炊具、灶具等使用规范
2. 安全保护
（1）注意出行安全，听从指挥，不要擅自行动
（2）安全使用刀具、明火和煤气等
（3）遵守敬老院的规章制度，保持安静，严禁追跑打闹
（4）特别关注服务老人时的语气、动作等，避免对老人造成伤害

续表

七、活动考核评价					
出勤	劳动能力	劳动态度	劳动效果	劳动安全意识	劳动体会总结
10%	30%	20%	20%	10%	10%

八、活动总结与反思	
总结反思	同学们能积极地参与劳动，相互合作，增进了团结协作的能力，实现了活动的预期目的。大家在劳动过程中态度端正，操作规范有序，培养了良好的劳动习惯，弘扬了敬老爱老的传统美德 　　在日后开展的服务性劳动中可以进一步丰富活动内容，如和老人一起表演节目、给爱看书读报的老人朗读报纸或书籍、和他们分享最新的时政热点、为老人讲解智能手机的使用方法等

无人机技术科普

一、活动设计基本信息			
活动名称	无人机技术科普	**活动形式**	服务性劳动
活动地点	展馆、操场或社区中开阔安全的场地	**活动规模**	6 人为一组
活动设施与材料	无人机套件 10 套	**活动时间**	年　月　日至　月　日

二、活动内容分析	
活动内容	通过讲解和演示帮助小学生了解无人机的基础知识，指导小学生动手组装并操控无人机，提高其实践能力。在活动过程中，大学生可以提高沟通能力、动手操作能力和科普讲解技能，培养耐心，获得成就感
学情分析	科普型无人机安全性高、易于操作，在活动前经过集中训练即可掌握基本操作技能。大学生所具备的基本物理知识和生活常识可帮助其在经过简单的培训后掌握无人机基础知识 大学生需要了解小学生的兴趣、知识基础和心理特点，在社会活动中实现自我价值，感受劳动带来的快乐和成就感

三、活动目标及要求	
活动目标	1. 掌握"科普进社区"公益服务的组织方法与实践流程 2. 通过演示讲解让小学生对无人机萌发兴趣，了解无人机知识 3. 培养大学生的耐心，提高其动手操作能力、沟通能力和科普技能
活动要求	1. 调动小学生参与活动的积极性，通过体验无人机的组装和操作过程，让参与活动的小学生爱上科学技术 2. 掌握小学生的知识背景，与其进行良好沟通 3. 指导小学生顺利、安全地完成无人机的组装与操控

四、活动设计	
设计思路	以无人机的组装和操控为主线，面向小学生开展科普活动。在活动前准备阶段，大学生需要进行无人机相关知识的学习以及操作技能的训练；在活动过程中逐渐掌握与小学生沟通的方法，最终指导小学生完成无人机组装和操控的全过程

续表

设计思路	大学生通过利用知识和技能实现社会价值，培养耐心，锻炼沟通能力，在劳动中获得成就感，做科学技术的爱好者和传播者
活动流程	无人机科普活动 前期准备 　方案制定 　对接合作方 　材料准备 　专项培训 具体活动流程 　小组分工 　飞行演示 　知识讲解 　动手实践 　成果展示 　场地整理 分享总结 　分享交流 　总结报告

五、活动实施过程

活动环节	活动详细过程	活动设计意图
前期准备工作	1. 制订现场活动方案 讨论确定活动时长、活动内容、小组成员分工，以及对活动场地的布置要求等 2. 对接活动合作方 与合作小学进行对接，确定活动时间、规模、活动参与人及具体活动方案；大学生提前到现场熟悉活动场地、设备等 3. 准备活动所需要材料 学生策划宣传方案，完成宣传条幅、海报的设计与制作，准备活动所需的工具和材料	锻炼大学生整体筹划的能力

续表

活动环节	活动详细过程	活动设计意图
前期准备工作	4. 专项培训 参与活动的大学生进行与无人机有关的知识和操作技能的专项培训，之后分组进行消化训练（图 5-2-11）  图 5-2-11　无人机操作培训	锻炼大学生整体筹划的能力
活动准备	1. 现场讨论明确分工 根据现场情况，进行活动前的任务分工（图 5-2-12）  图 5-2-12　现场任务分工 2. 现场氛围布置 根据活动内容，大学生和小学生一同布置活动现场	大学生与小学生共同进行活动准备，增进彼此间的了解，完成破冰过程

活动环节	活动详细过程	活动设计意图
技术演示 与讲解	1. 无人机的飞行演示 负责演示的大学生操控无人机进行飞行演示（图 5-2-13），参与活动的小学生在一旁观摩  图 5-2-13　飞行演示 2. 无人机知识讲解 负责讲解的大学生在现场进行无人机基础知识的科普讲解，并解答小学生提出的问题（图 5-2-14）  图 5-2-14　知识讲解 3. 现场秩序维持 小组其他同学协助演示员和讲解员维持现场秩序，为小学生答疑解惑	激发小学生对无人机的兴趣，同时进行相关知识的科普，为后续的实践环节做好铺垫

续表

活动环节	活动详细过程	活动设计意图
动手实践	1．人员分组 将小学生分为 5 组，每组分配 1 名大学生作为指导教师 2．动手实践 负责讲解的大学生讲解无人机的安装过程，其他大学生指导本组小学生进行无人机的组装和调试（图 5-2-15）  图 5-2-15　指导无人机组装 3．成果展示 大学生组织各活动小组的小学生进行无人机竞赛，各组小学生在大学生的指导下展示自己的劳动成果（图 5-2-16）  图 5-2-16　成果展示 4．交流讨论 大学生和小学生分别谈谈参加这次活动学到了什么，有什么体会	通过指导小学生组装、操控无人机，大学生可以传授自己掌握的知识和技能，同时，小学生在动手实践的过程中可以感受到科学知识的趣味性，树立热爱科学、勇于挑战自我的精神

续表

活动环节	活动详细过程	活动设计意图
现场整理	1. 回收劳动材料 组织参与活动的学生将材料、条幅、海报等活动用具回收清点，并统一整理收好 2. 活动现场清洁 整理清扫活动过程中产生的垃圾，并做好垃圾分类 3. 归还桌椅 学生共同将借用的桌椅等物资归还原处	通过现场整理，培养同学们自我管理的能力，树立其保护公共环境、爱护公共财物的意识
分享体会	1. 现场交流 活动结束后，小组成员分享劳动体会，总结活动中存在的不足（图5-2-17）  图5-2-17　总结交流 2. 总结报告 活动结束后每人撰写总结报告，就此活动的内容谈谈自己的感想及对劳动价值的理解	通过总结不足不断明确自我认知，通过分享劳动成果进一步增强对劳动的热爱

六、工具使用与安全保护

1. 工具使用

（1）能够利用验电器测量无人机的电池电量

（2）能够正确使用充电器进行无人机充电操作

2. 安全保护

（1）在活动时应注意电池统一存放到专用盒子中

（2）电池充电时应使用专用充电器，避免儿童接触220 V电压

（3）应在防护网内进行无人机飞机演示，现场观众不得随意进出防护网

续表

七、活动考核评价					
出勤	劳动能力	劳动态度	劳动效果	劳动安全意识	劳动体会总结
40%	10%	20%	10%	10%	10%

八、活动总结与反思	
总结反思	通过参与本次劳动实践活动，大学生们得到了小学生的崇拜以及家长的称赞，体会到了劳动带来的快乐，感受到了劳动带来的成就感和满足感 通过与无人机企业进行对接，同学们提高了社会交往能力和表达能力；通过策划活动方案，同学们提高了团队意识和组织能力；通过准备现场讲解和展示的内容，同学们学到了无人机的基础知识，也了解了我国在相关领域的科技发展；通过亲身参与活动过程，同学们更是为成为一名社会公益劳动者和科技传播者而感到自豪

小结

劳动实践是劳动教育的重要载体。职业院校遵循职业教育人才培养的特点，组织学生开展日常生活劳动、校园环境创设活动、校内外的服务性劳动，并依托校内实训室、校外实习基地或合作企业开展生产劳动，增强自我管理能力，培养良好的生活习惯，增强职业认同感和劳动自豪感，在劳动实践活动中体验劳动精神、劳模精神和工匠精神的魅力，在与工匠、劳模共同工作的真实环境中学习他们爱岗敬业、专注执着、精益求精、一丝不苟的劳动意识与劳动态度。本专题精选了 6 个劳动实践活动案例，帮助同学们了解劳动实践的形式，明确学习任务、活动目标，熟悉不同类型的劳动实践活动的具体实施过程，引导同学们自主设计形式多样的劳动实践活动，丰富实践经验，培养对劳动的情感和价值认同；在学校教师和企业导师的指导下，体验真实的生产过程，为日后职业发展奠定坚实的基础，成为社会需要的高技术、高水平、高素质人才。

思考题

1. 学院组织学生打扫宿舍环境卫生，小康同学说他不想参加，理由是："宿舍卫生应当由学院的物业管理人员负责打扫，我们的住宿费中包含了卫生管理费。"你觉得小康的说法有道理吗？你是怎样看待这个问题的？

2. 小张同学经常参加学校爱心社团组织的慰问社区老人的活动，他专门负责照顾的一位孤寡老人在每次活动之后都会拿出一定数额的钱向小张表达感激之情，但小张一次也没有收过。你认为小张这种做法对不对？为什么？

3. 班里的许多同学都会利用假期进行勤工俭学，一些同学选择的是为小学生辅导家庭作业，并从孩子家长那里获得酬劳。这种劳动似乎并没有产出有形产品，它究竟属于服务性劳动还是属于生产劳动？请谈谈你的理解。

阅读研讨

于峰、李凯旋：职业院校走出来的抗震典范

2014 年 8 月 3 日下午 4 点 30 分，云南省鲁甸县发生了 6.5 级地震。在各方救援力量向震中集结的同时，天津现代职业技术学院低空无人机操控技术专业的两名学生——于峰、李凯旋——中断自己的暑期旅行，从大理市赶到鲁甸县龙头山镇，成为志愿者队伍中的一员。在震区，两位同学克服了种种困难，利用所学专业知识和自己携带的无人机航拍设备在龙头山、红石岩堰塞湖等地拍摄鲁甸震后受灾情况，并将照片无偿提供给有关机构，为救援工作的开展争取了宝贵的时间。

8月6日，他们进入震中龙头山镇进行拍摄。从空中看龙泉村的老街已是一片废墟，两人更加坚定了抗震的决心。8月8日，他们决定从县城出发搭车到鲁甸县西南部的火德红乡进入堰塞湖进行拍摄，在搭车途中，他们遇到了准备去光明村的志愿者，两人在完成了对光明村灾情的拍摄后，又与志愿者一道给村民制作了家乡手抓饭，此举感动了当地百姓。在光明村的拍摄结束后，于峰、李凯旋两人又搭车到达堰塞湖，并且航拍了附近李家山村的受灾情况。在三天的时间内，两人徒步了近百公里，先后航拍了六个地区的受灾情况。期间，他们将航拍的视频、照片等素材无偿提供给相关媒体，希望能够通过真实客观的记录和报道帮助救灾和灾后重建等工作的开展。

中国新闻社发布的《航拍：云南鲁甸"8.03"地震震中景象》《无人机航拍云南鲁甸地震灾区红石岩堰塞湖》两条视频新闻稿是由于峰、李凯旋提供的航拍素材制作的，这两条新闻还被中央电视台、广东电视台、腾讯网、凤凰网、路透社等国内外知名媒体采用。

于峰在事后的报告中说过这样一段话："要相信自己，相信自己就是一个'敢'字，敢于去尝试，尝试自己不敢做的事或者自认为自己无法做到的事，敢于走出第一步，敢于去追求，敢于面对失败、面对丢脸……我们之所以能完成这些事，就是因为我们相信自己，尽管我们并不知道前路有哪些艰险，但我们相信，我们可以做到，我们就一定能够做到。"

1. 当于峰、李凯旋面对突发事件中"危险和价值"的选择时，你是否认同他们做出的选择？为什么？

2. 于峰、李凯旋拍摄震区灾情的珍贵资料原本可以让他们获得丰厚的物质回报，但他们却选择了无偿奉献，你如何看待这种做法？如果你是当事人，你会怎么做？

3. 在此案例中，两位同学能够在抗震救灾中表现突出，这与他们扎实的专业知识与应用能力是密不可分的。请你谈一谈，我们作为职业院校的学生，该如何把学到的职业技能应用于促进社会发展的事业中呢？

文献索引

［1］大中小学劳动教育指导纲要（试行）. 2020-07-07.

［2］中共中央　国务院关于全面加强新时代大中小学劳动教育的意见. 2020-03-20.

课后实践训练：劳动实践活动的设计与实施

- ### 活动目标

　　参考本专题中劳动实践指导案例的形式，以小组为单位，就日常生活劳动、生产劳动、服务性劳动等不同的劳动实践形式设计一个实践活动并组织实施。

- ### 活动道具

　　记事本、白纸、签字笔、手机（录音、拍摄）等。

- ### 活动过程

　　将全班同学分为不同的小组，确定活动主题和活动内容；在确立活动目标时，应体现劳动意识、劳动态度和劳动情感的培养，注重学生对劳动实践过程的体验；在活动设计和实施环节要特别关注劳动工具的正确使用方法，以及劳动安全的注意事项。在劳动实践活动结束后及时进行活动总结与反思，并与全班同学交流分享。

- ### 活动体会

　　1. 现场交流：活动结束后，小组成员分享劳动体会，总结活动中存在的不足。

　　2. 填写实训报告：活动结束后每人撰写一份实训报告，就此次活动的内容谈谈感想，以及自己对劳动价值的理解和对劳动精神的体会。

実践訓練卡 **5**

一、活动基本信息			
活动名称		活动形式	
活动地点		活动人数	
活动道具		活动时间	年　月　日至　月　日

二、活动内容分析	
活动内容	
活动目标	

三、活动设计与注意事项	
设计思路	
活动流程	
注意事项	

四、活动实施过程		
活动环节	活动详细过程	活动设计意图

五、活动考核评价					
出勤	劳动能力	劳动态度	劳动效果	劳动安全意识	劳动体会总结

六、活动总结与反思	

参考文献

［1］中共中央马克思恩格斯列宁斯大林著作编译局．马克思恩格斯文集：第 5 卷［M］．北京：人民出版社，2009．

［2］斯塔夫里阿诺斯．全球通史［M］．北京：北京大学出版社，2004．

［3］霍耐特．为承认而斗争［M］．胡继华，译．上海：上海人民出版社，2005．

［4］亚力克·福奇．工匠精神：缔造伟大传奇的重要力量［M］．陈劲，译．杭州：浙江人民出版社，2014．

［5］秋山利辉．匠人精神 II：追求极致的日式工作法［M］．陈晓丽，译．北京：中信出版社，2017．

［6］付守永．工匠精神：向价值型员工进化［M］．北京：中华工商联合出版社，2015．

［7］李宗芮，包国光．我国"劳模"的起源、意义和早期的评选制度［J］．劳动文化研究，2019–05．

［8］傅海燕．对先秦工匠和工匠精神的认识［J］．广西大学学报，2019（11）．

［9］王艳．论鲁班文化在现代工匠精神中的传承和弘扬［J］．齐齐哈尔大学学报．2019（01）．

［10］王维依，蒋晖．论中国古代工匠精神的历史源流［J］．美术教育研究．2020（18）．

［11］何奇彦，柴继红．现代"工匠精神"对中国传统"工匠文化"的继承

与发展［J］. 机械职业教育. 2019（08）.

［12］赵保全，罗承选. 工匠精神融入高等职业教育理路探讨［J］. 山东高等教育 2018（1）.

［13］大中小学劳动教育指导纲要（试行）. 2020-07-07.

［14］中共中央　国务院关于全面加强新时代大中小学劳动教育的意见. 2020-03-20.

［15］坚持中国特色社会主义教育发展道路　培养德智体美劳全面发展的社会主义建设者和接班人. 人民日报，2018-09-11（01）.

［16］习近平看望南京青奥会中国体育代表团. 人民日报，2014-08-16(01).

［17］习近平. 在全国劳动模范和先进工作者表彰大会上的讲话. 2020-11-24.

［18］中国共产党第十八次全国代表大会报告. 2012-11-8.

［19］郑银凤. "90后"大学生劳动观教育研究. 四川：西南交通大学，2016.

郑重声明

高等教育出版社依法对本书享有专有出版权。任何未经许可的复制、销售行为均违反《中华人民共和国著作权法》，其行为人将承担相应的民事责任和行政责任；构成犯罪的，将被依法追究刑事责任。为了维护市场秩序，保护读者的合法权益，避免读者误用盗版书造成不良后果，我社将配合行政执法部门和司法机关对违法犯罪的单位和个人进行严厉打击。社会各界人士如发现上述侵权行为，希望及时举报，我社将奖励举报有功人员。

反盗版举报电话　　（010）58581999　58582371

反盗版举报邮箱　dd@hep.com.cn

通信地址　北京市西城区德外大街4号　高等教育出版社法律事务部

邮政编码　100120